LES

CURIOSITÉS DE PARIS

LES

CURIOSITÉS DE PARIS

PAR

CH. VIRMAITRE

PRÉFACE DE M. XAVIER EYMA

PARIS

P. LEBIGRE-DUQUESNE, LIBRAIRE-ÉDITEUR

16, RUE HAUTEFEUILLE, 16.

1868

A MONSIEUR ÉMILE DE GIRARDIN

Cher maître,

Permettez-moi de vous dédier ce livre : puisse cette dédicace lui porter bonheur !

En vous faisant cet hommage, ce n'est ni un devoir que j'accomplis ni une dette que je paye, c'est un témoignage de reconnaissance que je vous adresse.

CHARLES VIRMAITRE.

PRÉFACE

—

Écrire sur Paris est toujours chose tentante pour un observateur.

Dans ce grand cercle on ne se lasse pas de marcher. On va, on vient, on tourne, on le sillonne en tous les sens, et c'est toujours du nouveau qu'on y rencontre.

La mine est inépuisable.

Chaque maison, chaque étage, chaque jardin public, toutes les rues, tous les pavés fournissent un thème avec des variations à l'infini.

Vous pouvez frapper à la porte en chêne de l'hôtel somptueux, à la cloison vermoulue de la mansarde, — regarder à travers la vitre appétissante du riche café, soulever la toile rouge du cabaret, — fouiller le coin de la borne, écouter derrière la portière de soie du boudoir, — lorgner du coin de l'œil la calèche à la Daumont qui vole sur le macadam, suivre la marche pesante du puant tombereau, — soupirer en voyant passer les belles filles du monde qui s'en vont au sermon ou au bal, vous prendre de pitié à compter la file des femmes perdues qui se rendent au marché de la honte, — entrer à l'Opéra, vous enfoncer sous le vestibule douteux du *bouiboui*, — écouter avec respect les orateurs à la grande tribune politique, vous étonner du babillage des oisifs, — admirer l'honnêteté de quelques hommes, *rari nantes in gurgite vasto*, frissonner devant la hardiesse des fripons, — entendre un rapport élégant de M. Villemain sur les prix de vertu, vous émouvoir au récit des forfaits d'un assassin, — compter les maisons qui tombent sous la pioche, et celles qu'élève la truelle laborieuse, — vous pouvez enfin, vivre de la vie de Paris par tous ses côtés, par le bas, par le haut, dans sa boue, dans son azur, monter tout le jour échelon par échelon l'immense échelle et la redescendre toute la nuit, encore échelon par échelon ; vous frotter à la canaille et vous mêler aux braves gens, fréquenter la Bourse et l'église, danser aux sauteries des ministres, sabler le champagne avec des danseuses, aller aux bals de M. Haussmann, être à toutes les réceptions des souverains étrangers, assister à toutes les revues, passer comme accusé devant la cour d'assises ou même devant la police correctionnelle, lire tous les journaux, petits et grands, parader aux courses de chevaux, gagner votre pain quotidien à la sueur de vos bras, à la sueur de votre esprit, jeter votre argent par la fenêtre des coquines, — en un mot, vous pouvez vivre cent ans de l'existence de Paris que, loin d'en savoir le dernier mot, vous demanderez encore à ces observateurs nombreux qui la dessinent chaque jour pour vous, de la plume ou du crayon, de vous révéler des milliers de mystères ou de secrets qui vous échappent.

Ont-ils le don de tout voir et de tout savoir ces observateurs dont je parle? Non! Et, chose étrange! si nombreux qu'ils soient, ils se promènent dans ce vaste Paris, sans se rencontrer jamais, ou ne se rencontrant qu'exceptionnellement, sur le même terrain. C'est pourquoi vous pouvez lire cent ouvrages sur Paris, que vous lirez chaque fois un ouvrage nouveau. Chacun d'eux, en effet, vous révélera un coin inconnu, vous ouvrira des horizons que vous ne soupçonniez pas, étalera à vos yeux des plaies, des misères, des joies, des plaisirs, des aventures qui vous surprendront, vous fera connaître des personnages, vous initiera à des drames et à des comédies, vous introduira dans des lieux et vous renseignera sur des professions qui seront un monde fraîchement tiré pour vous du chaos!

Vous vous imaginez qu'un livre sur Paris, celui de M. Charles Virmaître par exemple, va vous répéter ce que vous saviez déjà ! Erreur ! Où d'autres ne sont point allés, M. Virmaître a pénétré hardiment ; ce que d'autres n'ont point osé vous décrire, M. Virmaître a eu le courage de le faire ; là où le cœur de celui-ci ou de celui-là se serait soulevé peut-être, M. Virmaître s'est montré ferme à accomplir son devoir. Rien, en effet, ne doit répugner à l'écrivain consciencieux, rien ne doit le rebuter. Eh ! que diriez-vous du chirurgien qui tomberait en syncope devant une jambe à couper ou un cancer à sonder?

Quand le jeune et laborieux écrivain qui a la modestie de croire qu'un passeport de moi lui est nécessaire pour franchir les frontières du journalisme et entrer dans le pays du livre, alors que c'est moi qui me trouve honoré de mettre mon nom en tête de son ouvrage ; quand ce jeune et laborieux écrivain, dis-je, a entrepris la tâche à l'accomplissement de laquelle j'ai assisté jour par jour, il y a apporté une résolution que je ne saurais assez vanter. C'était plus que de la résolution, c'était la passion de son entreprise, et je ne crois pas me tromper en affirmant que le lecteur s'en apercevra aisément.

Toute œuvre où l'auteur met beaucoup de sa personne, en y mettant tout son esprit, porte avec elle un cachet particulier : rien n'y veut être au second plan, toutes les parties poussent au relief, et c'est une qualité qui serait un défaut si l'on ne savait où ce défaut prend son origine. De là un attrait qui donne au livre un caractère singulier et excite chez le lecteur une curiosité violente.

Je n'entreprendrai pas l'historique de chacun des chapitres de ce volume que j'ai vus naître l'un après l'autre, prendre forme, grandir et affronter avec succès la grande publicité du journal *la Liberté*. J'aurais peut-être, en me livrant à ce travail, la faiblesse, dont je ne me défendrais pas, d'en trop dire et de le dire mal sans aucun doute. Je préfère donc me féliciter tout naïvement du privilége que m'a accordé M. Charles Virmaître d'associer mon nom à celui de M. Emile de Girardin en tête de ce volume, auquel je vois les vents et les flots propices assurer un voyage heureux aux rives du succès.

M. Virmaître a eu raison de dédier son livre à M. Emile de Girardin. C'est un acte de gratitude qui l'honore.

Il est passé dans l'usage d'accuser M. Emile de Girardin d'afficher de profonds dédains pour la littérature. Voilà bien près de trente ans que je connais M. Emile de Girardin. Nos relations ont été souvent interrompues par des travaux dont la nature nous séparait l'un de l'autre, par l'absence, par des voyages, mais à toutes époques j'ai pu frapper, avec la certitude d'être affectueusement accueilli, à la porte de l'éminent publiciste. Durant ces longues années, j'ai pu m'assurer qu'il n'est pas un écrivain de valeur, conscrit ou vétéran, que M. de Girardin n'ait encouragé, à qui il n'ait fourni les occasions de se produire et de fournir sa carrière. Il n'a jamais dédaigné le talent, ni l'esprit, ni le style, ni l'imagination, ni le savoir, comme on le prétend, soit dans la littérature, soit dans la politique. Si, écrivain polémiste, et obéissant en cela à ses penchants naturels et à son goût, il a plutôt cherché dans la voie de la politique, des lieutenants qu'il a su, sans jalousie, proclamer ses égaux dès qu'ils l'étaient devenus, plus d'un romancier aussi, plus d'un poëte, plus d'un critique, dans la grande armée des lettres contemporaines, pourrait confesser l'accueil sympathique que lui a fait M. Emile de Girardin, et, s'il n'est ni ingrat ni même oublieux, confesser encore qu'il doit sa fortune littéraire à l'ancien rédacteur en chef de la *Presse*, rédacteur en chef actuel de la *Liberté*.

M. Charles Virmaître, en dédiant son volume à M. Emile de Girardin, a fait, je le répète, acte de gratitude, et tout à la fois de justice. Je lui en sais, pour mon compte, un gré infini.

Xavier Eyma.

Neuilly, 28 octobre 1867.

LES CURIOSITÉS DE PARIS

I

LA CHASSE A L'HOMME

Dans la nuit du 4 novembre 1866, vers deux heures du matin, une nuée d'hommes gravissaient péniblement et en silence la rue de Belleville et les terrains boueux qui donnent accès aux fours à plâtre des buttes Chaumont.

Ces hommes se placèrent de distance en distance, cernèrent les carrières de façon à empêcher la sortie de qui que ce fût, mais, malgré cela, n'empêchant personne d'entrer.

Cela s'appelle établir une souricière.

A trois heures du matin, quatre hommes arrivèrent. Le chef demanda à ses agents s'ils étaient prêts ; sur leur réponse affirmative, il gravit résolûment et seul le sentier abrupt qui conduit aux fours.

Quel curieux spectacle !

Tout était plongé dans l'obscurité la plus profonde ; à terre, une foule d'hommes, d'enfants, que l'on distinguait confusément, étaient couchés devant les foyers des fours, enveloppés dans des lambeaux de couvertures, dans de vieux sacs, dans des haillons immondes et grouillants; un de ces individus avait pour oreiller une immense boîte à lait; un autre son gagne-pain, son coffre-fort, un accordéon.

En un instant, tout cela fut réveillé, debout, menaçant, cherchant à fuir. Le chef siffla d'une façon particulière, et en un clin d'œil cinquante agents furent là l'épée à la main, vingt torches brillèrent simultanément, éclairant cette lugubre scène de leur reflet rougeâtre.

Toutes ces figures nous regardaient curieusement. Il y avait bien de quoi : on les réveillait en sursaut, ils dormaient si bien, oubliant le froid, la faim, en un mot leurs misères ! On les fit mettre sur un rang, gardés à vue, et les recherches commencèrent. Après avoir bien pataugé dans la terre glaise sans rien trouver, au détour d'un petit sentier devant un grand feu clair et petillant, nous découvrîmes une vingtaine d'individus dormant profondément et ronflant à qui mieux mieux. Ils furent réveillés et allèrent rejoindre leurs compagnons.

Ceci était la partie facile de l'expédition, mais l'exploration des cavages présente une bien autre difficulté et un danger dont nous reparlerons tout à l'heure. Pour guider l'expédition, le chef demanda, en passant devant les hommes arrêtés : « Qui veut nous servir de guide ? Qui est déjà venu ici ? » Personne ne souffla mot, excepté un, qui répondit d'un air menaçant : « Je ne suis jamais venu ici, mais je vous conduirai bien ailleurs. »

L'entrée des souterrains ou cavages est bordée de deux haies d'épines et d'acacias verts et frais. Mais, hélas ! cela dure peu ; car, à peine entré, une forte odeur de moisi vous saisit à la gorge, de larges gouttes d'eau tombent bruyamment des voûtes ; des oiseaux de nuit dérangés dans leur sommeil fuient en désordre, s'abattant sur les torches et sur nos têtes ; le sol est glissant, humide, visqueux et s'attache aux pieds.

Ce n'est pas un spectacle ordinaire. Toutes ces torches s'enfoncent dans les profondeurs de la caverne, sans pouvoir en percer les derniers arceaux : devant les ténèbres qu'elles chassent, il semble à l'œil ébloui que ces murailles reculent, et on a peur qu'elles ne finissent dans un monde qui n'est pas le nôtre.

Nous avançons péniblement, mais sans rien trouver ; de temps en temps, une grosse pierre se détache de la voûte et se brise sur le sol avec fracas. Le chemin est obstrué par des éboulements récents ; nos pieds heurtent une boîte et, faut-il le dire ? en voyant son contenu, un frisson me parcourt le corps : *cette boîte contient de la poudre*, elle n'est point fermée et elle est à la portée du premier misérable venu qui voudrait faire sauter le souterrain ou détruire l'expédition ! Cette boîte contient ordinairement *deux kilos* de poudre et sert à l'exploitation de la carrière.

Après avoir marché environ un kilomètre, nous sommes forcés de rétrograder; les torches s'éteignent, l'oxygène devient de plus en plus rare et l'acide carbonique qui se dégage en abondance nous oppresse péniblement ; ce malaise est accru par l'odeur résineuse émanant des torches qui se meurent.

C'est avec un grand sentiment de joie que nous revoyons les quelques arbustes qui garnissent l'entrée du souterrain et que nous sentons un courant d'air vif et frais nous fouetter le visage.

On fait mettre les hommes arrêtés sur trois rangs : ils sont au nombre de soixante-deux ; les sergents de ville forment la haie, deux porteurs de torches marchent en tête, deux sur les flancs de la colonne et plusieurs ferment la marche afin d'éviter toute tentative d'évasion, assez facile par l'obscurité qui règne. A travers champs, la colonne se met en marche, faisant le moins de bruit possible afin de ne pas troubler le sommeil des habitants. Cette longue file d'hommes éclairés faiblement produit un effet magique, les figures pâles et amaigries, marchant difficilement (car ils sont tous presque nu-pieds), ces individus causent une impression vraiment douloureuse.

Après avoir marché environ vingt minutes, le triste cortége arriva au poste central situé rue de Joinville, à la Villette.

Jusqu'à présent, le côté pittoresque de cette expédition m'a séduit, le cœur se serre en racontant ce qui va suivre. En effet, la plupart de ces malheureux vivent du hasard, et la société paye l'amende de sa négligence. N'est-ce pas bizarre, qu'ils choisissent précisément pour refuge le sous-sol humide d'un parc qui a coûté des millions à construire, quand une parcelle de cette dépense suffirait peut-être à prévenir et à détruire cette terrible maladie : la paresse ou la misère, cette lèpre de l'ignorant qui tue plus de monde qu'une épidémie?

L'interrogatoire sommaire de ces malheureux est navrant. Tous pour le moins ont été arrêtés une fois (quelques-uns ne comptent plus), comme prévenus de vagabondage.

Au vingtième interrogé, en les fouillant on n'avait pas trouvé encore un sou ! le vingt et unième en possédait deux !

L'aîné de ces pauvres gens a soixante-huit ans, le plus jeune, dix ans et demi !

C'est ici que le contraste est frappant : l'un est vagabond parce qu'il a travaillé quarante-six ans et qu'il est aveugle ; la société ne le tue pas, mais elle le laisse mourir, ce qui revient au même ; l'autre, l'enfant est vagabond parce que sa mère lui a dit : « Travaille ! » à l'âge où d'autres vont encore à l'école : « Travaille, ou ne rentre pas ! »

L'enfant est faible, il n'a rien trouvé à faire : cela se conçoit, ses forces s'y opposent ; il est vagabond et voilà six mois que cela dure.

Comme généralement la chose que l'on n'a pas est celle qui vous fait le plus envie, cet enfant sans chemise nous a déclaré que sa plus grande jouissance était, lorsqu'il a gagné six sous, de coucher dans des draps et dans un lit !

Que de choses contenues dans ce simple désir !

Un autre porte un nom prédestiné : Gueux, ancien valet de chambre ; il est dans un état de délabrement à fendre l'âme. Le chef lui demande :

« Comment se fait-il que, pour deux mois sans travail, vous soyez dans un état de pénurie aussi complet ? »

Gueux répond simplement, les larmes aux yeux : « La première quinzaine de mon chômage, j'ai vendu mes effets pour manger, la seconde j'ai pu payer d'avance mon garni. N'ayant plus d'effets ni d'argent, aucun logeur ne voulut me recevoir. Je vins coucher aux carrières, et comme je garde mes effets pour m'étendre sur le sol humide et sale, ce qui me restait a été vite usé. Je ne puis sortir de ce cercle vicieux. Je n'ai pas d'effets, je ne puis chercher d'ouvrage; je n'ai pas de travail, je ne puis pas acheter des effets. Je couche dehors. On m'arrête ! Je ne suis pourtant pas dangereux, je ne suis que malheureux. »

Un autre ouvrier, tourneur en cuivre, âgé de quarante-trois ans, sortait du Dépôt de mendicité de Saint-Denis, d'où on l'avait renvoyé sans lui donner les moyens de n'y pas rentrer. On sait qu'il n'a rien, on ne lui donne rien, et on s'étonne du nombre des suicides !

On demandait à un des prévenus, qui avait des

allures militaires : « Vous avez servi ? — Oui, répondit-il, les maçons... »

Un gamin à l'air éveillé, à la demande qu'on lui fit de sa profession, répondit : « Je casse des noix. »

Sur les soixante-deux arrêtés, dix-huit sont sans profession, quarante-quatre ont des professions, telles que horloger, opticien, chapelier, écrivain... public, imprimeur, fleuriste.

Ceci ne cache-t-il pas un mystère ? Mon Dieu, non ! Ce qu'a raconté Gueux, le valet de chambre, est parfaitement vrai, et la preuve c'est que le tribunal de police correctionnelle les condamne à une peine légère pour infraction à la loi, pour vagabondage, sans pouvoir le plus souvent les convaincre de vol.

On les garde au dépôt de la préfecture de police, puis on les relaxe ; ils recommencent leur vie, de plus en plus malheureux, et la fin de tout cela c'est la mort à trente ans, après avoir vécu dévoré par la phthisie, impuissants et inutiles, n'ayant jamais rien produit.

Que de forces perdues pour l'humanité !

Il y a là un grand enseignement.

Le tribunal de police correctionnelle, dans son audience du 27 novembre 1866, avait à juger ces vagabonds ; voici la déposition de l'officier de paix qui avait opéré les arrestations mentionnées plus haut :

« Depuis quatre ans je suis officier de paix au dix-neuvième arrondissement. Les carrières d'Amérique sont fréquentées par deux catégories d'individus : les voleurs proprement dits, qui ordinairement ne couchent pas, et viennent seulement le matin faire le partage de ce qu'ils ont volé aux Halles et ailleurs ; et les vagabonds qui passent la nuit sur les fours et dont le plus grand nombre vit également de vol et de maraude. Ils ont poussé l'audace, il y a quelque temps, jusqu'à apporter un mouton entier, qu'ils ont dépecé, fait cuire et consommé sur place. J'ai trouvé fréquemment, lors des nombreuses arrestations que j'ai eu l'occasion de faire dans ces carrières, des vivres et des liqueurs provenant évidemment de vols. Les individus arrêtés étaient souvent dans un état complet d'ivresse.

« Les propriétaires des carrières sont gênés dans leur exploitation par ces individus; beaucoup d'ouvriers n'osant pas aller aux fours de peur d'être maltraités par eux. Quand ils croient avoir été dénoncés par l'un des propriétaires des carrières, ils font des dégâts considérables. Ainsi, dans une nuit, ils ont brûlé pour 600 francs de bois dans la carrière de MM. Dubois; ils ont brûlé des sacs pour une valeur importante chez un autre propriétaire. M. Luce, également propriétaire de carrières, a aussi été frappé il y a peu de jours et menacé d'incendie.

« Généralement, quand nous faisons des descentes, ils ne font pas de résistance. Cependant, il y a trois ou quatre mois, ils ont voulu nous jeter dans les fours, mais ces individus ont été arrêtés et condamnés, et ce fait ne s'est pas renouvelé depuis.

« Dans la nuit du samedi 3 au dimanche 4 novembre, il y a eu dans le quartier de la Villette quatre attaques nocturnes, et sept dans celui de Belleville. Le dimanche matin, un homme a été attaqué et volé à huit heures, près des carrières. C'est ce qui m'a décidé à faire une descente le dimanche soir.

« Depuis lors, j'ai fait encore deux fois des arrestations ; mais les vagabonds, se voyant traqués, vont maintenant du côté des prés Saint-Gervais et de Pantin, où ils commettent de nombreux vols. Ils ont poussé l'audace, il y a quelque temps, jusqu'à prendre à un de mes amis, qui était venu me voir en voiture, et en sa présence, le fouet et la couverture du cheval.

« J'ai eu à constater que la moyenne des individus qui passaient la nuit dans les carrières d'Amérique est de cent cinquante à deux cents. »

Tous ces malheureux se donnent des peines impossibles pour prouver au tribunal qu'ils ont une profession. A l'audience dont nous venons de parler, un des prévenus, interrogé par le président sur les moyens qu'il employait pour vivre, répondit :

« Monsieur le juge, je travaille, je *trouve* le chien de ma sœur.

« — Comment cela ?

« — C'est bien simple : aussitôt que je vois Caroline avec un homme *chic*, je viens vers elle en lui disant :

« — Est-ce que ce chien n'est pas à vous ?

« — Oh ! si, qu'elle me répond en embrassant Rocambole. La pauvre petite bête m'a-t-elle fait du chagrin !

« Puis elle cherche son porte-monnaie et ne le trouve pas ; le bourgeois prend deux ou trois francs dans le sien (j'ai eu une fois un louis) et me les donne. Je retourne une heure ou deux après reprendre le chien chez la concierge, je m'embusque sous une porte cochère du boulevard et je recommence mon *truc*.

« Voilà.

« Est-ce que ce n'est pas un métier ? »

Le juge ne fut pas de cet avis-là.

LA FEMME AU PERROQUET

II

LA FEMME AU PERROQUET

———

En 1866, à l'Exposition de peinture, dans le salon d'honneur, une toile de Courbet, représentant une femme admirable et admirée, attirait tous les regards. Chacun s'extasiait devant le talent du peintre, devant la perfection de l'œuvre. Cette femme était couchée sur une robe grenat recouverte de dentelles noires. Cette toile était le triomphe de la matière sur l'idéal, en un mot l'apothéose de la chair.

Cette toile se nommait sur le livret : *la Femme au perroquet*. Elle restera légendaire.

La rue Mouffetard, cette rue sordide, puante

l'été, boueuse l'hiver et sale en tout temps, a aussi sa *femme au perroquet*, mais, hélas ! elle n'est ni enviée, ni admirée ; son salon d'honneur, c'est la rue, et si elle est légendaire, ce n'est pas au même titre que son homonyme.

Depuis trente ans qu'elle erre dans tous les quartiers de Paris, traînant ses guenilles, aussi fièrement que les anciens gueux, elle est le sujet de toutes les conversations ; tout le monde la voit, personne ne la connaît.

Pourquoi ce nom bizarre, *la femme au perroquet*? Parce que personne ne sait son nom, et que, comme elle a toujours sur son bras gauche un magnifique perroquet vert, on trouve tout naturel de la nommer *la femme au perroquet*.

D'où vient cette femme? Qui est-elle? Par quel concours de circonstances est-elle ou paraît-elle réduite à une profonde misère? Le seul moyen de répondre à ces questions était d'aller la chercher, de la trouver et de lui parler, c'est ce que j'ai fait ; et, comme Titus, je n'ai pas perdu ma journée.

Rue Mouffetard, il existe un petit marchand de vin (nom prédestiné, il se nomme Champagne),

dont la boutique, coupée en deux, est louée à une
marchande de pommes de terre frites ; la maison
est sombre et humide ; c'est du vieux Paris. Devant le comptoir en étain, de la paille mouillée sert
de tapis au buveur. C'est là que je rencontrai *la
femme au perroquet;* elle était assise à une table,
son perroquet sur le poing ; elle mangeait des
moules. J'entrai, je m'assis à côté d'elle, et j'essayai d'entamer la conversation ; elle hésita, soit
timidité ou méfiance, et me répondit à peine ; enfin elle se décida à causer. J'avoue que je fus
très-heureux, depuis longtemps cette femme m'intriguait. Je l'avais mainte et mainte fois rencontrée, et son air triste et résigné m'avait touché.
Je n'avais jamais oublié les regards qu'elle jetait
sur les enfants qui la suivaient en se moquant
d'elle ; ses regards indiquaient d'amers regrets. On
eût dit qu'il y avait là une grande douleur.

C'était une erreur, *la femme au perroquet* n'envie rien, ne désire rien ; elle trouve meilleur un
gros morceau de pain bis mangé en plein air,
qu'une bonne table accompagnée de servitude.
Elle vit au milieu de nous comme une sauvage au

milieu des forêts de l'Amérique; peu lui importe que l'épi poudreux meure de soif dans les sillons; que janvier, de son haleine glacée, gerce nos visages et gèle les ceps bourgeonnants; que le printemps fasse verdir les arbres, gazouiller les oiseaux, que le gazon de mai soit plein de fraises, de violettes et de muguets ! Elle marche, va, vient et revient, elle est libre, c'est tout pour elle.

A la première vue, on dirait que la misère lui a pris mesure, car, été comme hiver, elle est vêtue d'une robe sans forme et sans nom : tantôt l'étoffe en est de soie, de barége ou d'indienne, et indique évidemment une fabrication antérieure à notre siècle. Elle est coiffée d'un vieux chapeau qui rappelle vaguement ceux des prêtres espagnols ; ce chapeau est orné de fleurs fanées. Elle est nu-jambes, et a pour chaussures de vieilles savates dépareillées. J'ai dit que son perroquet reposait sur son poing ; il y est attaché au moyen d'une vieille ficelle. Elle a une chaufferette en fer battu et un cabas. La chaufferette est un luxe et sert à deux fins : d'abord à réchauffer le perroquet ; puis, en second lieu, elle s'accompagne en frappant sur le couvercle, car elle chante dans les cours, elle chante des chansons bizarres, de vieilles mélopées, et le perroquet fait chorus.

Voici un couplet de ce qu'elle chantait :

> Colinette au bois s'en alla
> En sautillant par-ci par-là,
> Trala déridéra, trala déridéra.
> Un beau monsieur la rencontra,
> Frisé, poudré par-ci par-là,
> Trala déridéra, trala déridéra.
> « Fillette, où courez-vous comme ça?
> — Monsieur, je m'en vais dans c'petit bois-là
>   Cueillir la noisette.
>   N'y a pas de mal à çà,
>   Colinette,
>   N'y a pas de mal à çà.

On ne rit pas en entendant cette femme. Pourquoi? Parce qu'elle chante avec conviction, c'est son bonheur, c'est sa joie, sa vocation. N'ayant pu être comédienne, n'ayant pu avoir les planches, elle a la rue, c'est plus vaste, et on y est moins difficile. Elle ne demande pas l'aumône : chanter, pour elle, n'est pas un métier pour vivre ; elle tire les cartes, elle prédit la bonne et la mauvaise aventure ; elle a beaucoup de clients, elle porte la joie au crédule, à domicile. Je lui demandai son adresse, elle me répondit : *Dans la rue, on me trouve.* Malgré cela, je parvins à découvrir son domicile, et j'avoue qu'il est impossible de rien imaginer de semblable ; elle reste rue des Lyonnais, au cinquième, dans une petite chambre qu'elle loue soixante francs par an. Il n'y a pour tous meubles qu'un grabat, une chaise cassée, une table en bois blanc et un monceau de loques, sa garde-robe. Tout cela est boueux, étendu pêle-mêle, sans ordre, et je défie à l'œil le plus expérimenté de découvrir un coin du carreau qui ne soit caché par un objet quelconque.

La condition, m'a-t-elle dit, que lui a faite son propriétaire, est de ne recevoir personne. Je soupçonne que c'est elle qui ne le veut pas. Pourquoi ? Ses voisins disent que le soir, après être rentrée, elle change de costume, qu'une voiture vient la prendre à sa porte, et qu'elle va dans le monde. — Je ne sais quel monde ! — Mais ce qui est certain, c'est qu'elle a reçu une éducation remarquable, qu'elle appartient à une excellente famille, qu'elle a un frère fort à son aise et fort désolé des idées vagabondes de sa sœur.

La femme au perroquet a soixante ans : elle est vive, alerte ; elle n'a jamais, depuis trente années, parlé à ses voisins ; il semble qu'elle ait peur de la civilisation ; elle est enracinée dans ses habitudes comme un arbre planté en terre. Dans sa rue des Lyonnais, elle est aux antipodes de Paris; elle ne s'occupe de rien, elle ne lit même pas le *Petit Journal*...

Si elle fuit la société des hommes, en revanche elle recherche celle des animaux : il y a vingt ans, elle avait quatre chats ; les chats morts, elle prit deux lévriers ; les chiens morts, elle acheta un perroquet (celui qu'elle a). Voilà sa vie. Qui aurait le courage de la blâmer? Assurément personne. Est-elle à plaindre? Ah que non ! Elle a une passion, elle la satisfait. Combien, dans d'autres situations, n'en peuvent dire autant !

III

LES MENDIANTS EN 1867

III

LES MENDIANTS EN 1867

Il existe à Paris une classe d'individus qui vivent à nos dépens. Qui de nous, en voyant un de nos semblables nous tendre la main, ne s'est senti soudainement ému et n'a instinctivement porté la main à son gousset pour donner quelque menue monnaie? Mais, la réflexion aidant, on se demande à quoi bon l'aumône : l'aumône abaisse celui qui la reçoit et enorgueillit celui qui la fait (deux maux pour un); l'aumône entretient la misère et ne la détruit pas; l'aumône habitue l'être humain à ne plus rougir; l'aumône pervertit le sens moral, le mendiant se persuade à la longue qu'elle lui est due.

Ne voit-on pas tous les jours des mendiants à qui on ne donne qu'*un sou ou deux*, et qui vous demandent insolemment : « Faut-il vous rendre la monnaie ? »

Si l'on ne fait plus l'aumône au mendiant, il dit carrément que le travail le gêne; il en arrive, pour l'obtenir, à simuler une foule d'infirmités; il habitue ses enfants à cet état de choses, et une génération de mendiants, de parasites s'élève, absorbant le produit des travailleurs : l'Orient en est un exemple.

Les mendiants se divisent en deux catégories :

LES MENDIANTS DE PROFESSION.

LES MENDIANTS MOMENTANÉS.

Les mendiants de profession appartiennent à toutes les classes de la société ; c'est une immense association qui exploite le monde en coupe réglée, qui profite habilement de nos vices et de nos faiblesses.

Les individus qui mendient ont chacun un caractère particulier. Nous avons d'abord le mendiant qui opère lui-même, c'est-à-dire qui demande l'aumône en personne, au coin de la rue, en omnibus, en chambre, sur le boulevard, par correspondance, en un mot partout où il peut, suivant ses aptitudes, le degré de son instruction ou le milieu dans lequel il vit.

Les plus dangereux sont ceux qui tiennent boutique ouverte, qui font, pour ainsi dire, le commerce de ces petits enfants qui, sous le prétexte de jouer du violon ou de la harpe, mendient en ville ou sollicitent la charité des passants en leur offrant une fleur fanée, ramassée le matin sur quelque tas d'ordures.

Ces gens-là ont remplacé la traite des nègres par la traite des Italiens.

Tous ces enfants partent le matin de leur repaire, et, à la fin de la journée, ils rapportent une somme désignée d'avance. Toutes ces sommes capitalisées forment un revenu respectable, et le soir peut-être coudoierez-vous, au café ou au théâtre, l'*impresario* qui vit de votre bon cœur.

Ces malheureux enfants sont battus s'ils ne rapportent pas la somme exigée. Aussi, le soir, les voit-on regagner leur bouge, comptant leurs sous, l'œil inquiet, marchant lentement s'il en manque, et, au contraire, allègres et joyeux si le compte y est. Le premier vol d'un enfant est souvent la triste conséquence de ce système.

Les moins malheureux, parmi ces enfants, sont ceux qui font le *chien d'aveugle,* c'est-à-dire qui conduisent les aveugles à travers les rues, dans les cours et qui ramassent la *recette.* Là, ils sont à bonne école. J'en ai connu un qui fit un jour la réponse suivante à un passant qui lui disait : « Mais tu me demandes l'aumône pour ton père qui est aveugle, où donc est-il ? — Mon bon monsieur, répondit l'enfant, il est là-bas qui regarde les gravures. »

Deux mendiantes se tiennent ordinairement sur les marches de l'église Saint-Vincent-de-Paul ; elles ont sur les genoux, l'une deux beaux enfants, l'autre n'en a qu'un. Je m'étonnais, les voyant tous les jours, que ces enfants ne grandissent point ; je me demandais si, par hasard, elles n'auraient pas trouvé le moyen d'arrêter la croissance, inspirées par le refrain populaire :

Enfants, restez toujours petits !

J'eus un jour l'explication de ce phénomène par la conversation suivante :

— Combien payes-tu tes enfants?

— Un franc pièce par jour.

— Ah bien ! ma chère, tu es volée, ou les moutards sont renchéris depuis l'Exposition. Un franc pour *chaque* !... Moi, j'ai les miens à soixante-quinze centimes et on leur donne la goutte avant de partir. Par le temps qui court, je ne *gagne* que bien juste ma vie.

Ce fait n'est pas neuf malheureusement. Il y a des individus qui louent tout le matériel nécessaire à la profession de mendiant : enfants, orgues de Barbarie, singes, clarinettes, etc., etc.

Ce n'est pas ce genre de mendicité qui est le plus dangereux pour la bourse ; *la mendicité par correspondance* donne de plus beaux résultats à ceux qui la pratiquent.

Dans ce cas, tous les genres ont été essayés : inventeurs ruinés, prêtres dans l'embarras, réfugiés polonais, militaires compromis, boursiers décavés, etc., etc.

La rédaction des lettres de demandes nécessite beaucoup de tact, suivant les personnes à qui elles s'adressent.

Un de ces *industriels*, issu d'une bonne famille, exploitait son nom et son ancienne position avec une science vraiment admirable.

Dans ses lettres, il avait toujours soin de dire la vérité.

Il occupait une maison assez considérable, il payait régulièrement son loyer et ses fournisseurs, mais en leur imposant la condition expresse d'exercer des poursuites contre lui. Aussi, lorsqu'on venait aux informations, le concierge déclarait que le pauvre monsieur était bien dans l'embarras ; puis il ajoutait : « Oh ! si le pauvre père le savait ! »

S'adressait-on au propriétaire, il déclarait (et c'était la vérité) qu'il était obligé de faire saisir pour obtenir le payement du loyer.

Il en était de même du charbonnier, du boulanger, etc.

Ce système ingénieux obtint un grand succès ; malheureusement pour notre mendiant, tout fut dévoilé, un jour qu'il oublia de donner la pièce à son concierge.

La Bourse a un mendiant remarquable, un ancien banquier qui rôde sans cesse sous le péristyle, et tous les jours il est sûr de faire une bonne moisson. Le boursier heureux donne, en vertu du proverbe : *On ne sait pas ce que l'avenir nous réserve.*

Sheridan fait dire à M. Puff que « ses malheurs et ses maladies l'ont nourri deux ans : tour à tour incendié, privé de ses membres, saisi pour dettes, hydropique, goutteux et veuf avec sept enfants ! »

M. Puff a bien raison : s'il est des mendiants réellement souffrants, la plupart, comme je le disais plus haut, ne considèrent la mendicité que comme un métier, et un métier qui nourrit bien, encore ! Je n'en veux pour exemple que les pauvres qui sont aux portes des églises. Il est vrai qu'outre l'aumône des fidèles, ils ont tous les jours la bénédiction et qu'ils sont amis du donneur d'eau bénite.

Ces mendiants-là sont les plus intolérants ; ils ne souffrent pas la concurrence ; en revanche, ils

ne respectent rien, ni la douleur de la famille qui enterre un être aimé, ni la préoccupation des jeunes mariés; leurs voix glapissent quand même :
« Pour l'amour de Dieu, s'il vous plaît. »

Ceux-là connaissent profondément le cœur humain, ils ont dû étudier Fielding, l'auteur anglais.

Voici ce qu'il dit des mendiants :

« Vous ne savez sans doute pas, à moins que vous ne l'ayez pratiquée, que cette industrie est un métier comme les autres, qu'elle a ses lois, ses secrets, et que l'apprentissage n'est ni moins long ni moins pénible que celui de toute autre profession.

« On nous enseigne tout d'abord l'art de montrer un extérieur qui puisse exciter la compassion. Pour quelques-uns, la nature fait d'avance la moitié de la besogne ; mais il n'est personne qui arrive aux résultats désirés, si son éducation, commencée à temps, n'a eu à lutter contre la raideur obstinée des membres entièrement développés.

« Vient ensuite la voix lamentable.

« En ceci encore, la nature seule permet d'acquérir une grande supériorité. L'art, toutefois, a aussi sa puissance, qui seconde merveilleusement l'application et la persistance de l'élève, surtout s'il commence jeune.

« Telles sont les principales mais non pas les seules branches de l'instruction que l'on nous donne. Les femmes suivent un cours à part, où elles apprennent à pleurer, c'est-à-dire à avoir des larmes toujours prêtes. Cela ne coûte presque rien à la plupart d'entre elles, et quelques-unes se perfectionnent dans cet exercice avec une incroyable facilité.

« Aucune profession n'exige une aussi profonde connaissance du cœur humain, et l'habitude familiarise ceux qui l'exercent avec les symptômes extérieurs et les véritables mobiles des passions. »

La mode, pour la mendicité, est essentiellement capricieuse. Par exemple, dans certains moments, après une guerre, les manchots et les boiteux abondent. En plein jour, les aveugles et les gens soi-disant sans ouvrage dominent.

Il y a eu longtemps, à Paris, une mendiante célèbre : elle avait hérité, je ne sais comment, d'un sabre de cavalerie qui portait cette inscription sur sa lame : *Donné au capitaine* X *en récompense de son courage à Austerlitz.* Cette inscription lui suggéra une idée. Elle courait Paris, montait dans les omnibus, son sabre nu sous le bras, et une fois assise, elle embrassait l'acier avec effusion, puis disait d'une voix qu'elle s'efforçait de rendre larmoyante : « C'est tout ce qui me reste de mon cher homme! » On lui donnait timidement, vous pensez, la veuve d'un capitaine ; elle recevait comme si cela lui était dû, et disait cyniquement : « Je ne demande pas ; je reçois !...»

Les mendiants donnent un banquet annuel dans lequel il est causé des *affaires* de la corporation ; la splendeur de ces agapes est déchue. Voici un rapport d'un agent de police, nommé Vincent, qui assista en 1786, le jour de la Saint-Julien, chez un marchand de vin de la rue Saint-Jacques, à un de ces banquets :

« Je me suis transporté chez le sieur Drouet, cabaretier, près de l'Estrapade. Il avait fait, dès le matin, enlever les cloisons d'une salle basse dont les fenêtres grillées donnent sur le clos des Génovéfains. Une table en fer à cheval, large et clouée sur de puissants tréteaux, se trouvait disposée, chargée de près de deux cents couverts. Le sieur Drouet, que je connais de longue date, consentit à satisfaire ma curiosité, et me fit passer, près des commissaires du festin, pour un de ses neveux. En cette qualité, je dus mettre la main aux accessoires du service, afin que mon oncle prétendu vaquât librement aux soins de la cuisine, où dix aides, appelés pour ce surcroît de besogne, s'agitaient dans une épaisse fumée. Une loueuse de chaises d'un jardin public avait fourni deux cents tabourets, et l'on avait fouillé dans l'arsenal des héâtres forains à l'effet de tapisser les parois de cette cave, dont la vétusté disparaissait sous un bariolage de décorations hétéroclites; des potences de bois simulaient çà et là des candélabres, et, comme autant de *poignes*, portaient des régiments de chandelles que MM. les commissaires mouchaient fort prestement avec les doigts. Malgré les temples et les cascades des décors chargés et tachés de graisse, rien ne faisait présager encore le luxe dont on m'avait promis l'étalage.

« A la vérité, MM. les pauvres de Paris ne donnent pas dans ces babioles, et comprennent beaucoup plus le faste de l'estomac que la pretintaille des ornements.

« Les vins furent dégustés l'un après l'autre patiemment; et, malgré ma fatuité de connaisseur et l'astuce de mon très-cher oncle, qui chicanait sur les qualités et sur les âges, je fus obligé de rendre des points à ces gourmets émérites, qui dissertèrent comme une assemblée de rois sur les clos des divers pays et sur les procédés des marchands et des particuliers dans la falsification de leurs denrées. Les bouteilles suspectes furent écartées et remplacées ; *on aura pu les vendre à des bourgeois.* C'est parmi ces fins dégustateurs qu'il faut prendre les surveillants des cabaretiers.

« Les vins acceptés furent rangés en pyramides dans un coin, et l'on ne les perdit pas de vue. On chargea les tables de friandises; le déploiement des hors-d'œuvre me donna de l'appétit. Sardines, anchois, olives, mille délicatesses de la saison; des pâtés de venaison tout chauds, qui jetaient un fumet exquis ; des chapons de la Bresse, des gigots musqués de cette petite pointe d'ail dont l'eau vient à la bouche rien qu'en y songeant, des forteresses de côtelettes désossées et poudrées de fine chapelure, quelques hures de sangliers dans leur gelée, crénelées comme une forteresse ; des saladiers remplis d'oranges de Portugal, coupées par tranches baignant dans de l'eau-de-vie. Bref, tout un assortiment de dessert, comme dans les galas de l'hôtel de ville, pour les élections des échevins, chargeait à la fois cette table, tandis que l'on marquait les places avec un soin que l'on n'a pas toujours dans les meilleures maisons de Paris.

« Un ordre merveilleux se faisait comprendre dans les distributions de ce pêle-mêle. Drouet me fit sentir que nul ne devait assister à ce festin que les élus, et que, pour cet effet, on devait servir tout à la fois. Je vis qu'il me faudrait déguerpir. Les précautions prises pour qu'il ne se glissât pas d'intrus parmi les convives étaient extrêmes et consistaient en certains mots de passe auxquels on devait en répondre d'autres qui se succédaient comme des numéros d'ordre.

« Sur une table particulière, dressée au centre du

fer à cheval qui formait la table des convives, on plaça, quand vint le gros de l'assemblée, des soupières enveloppées avec soin pour que leur chaleur ne s'évaporât pas. Je n'ai pu deviner ce que contenaient ces bienheureuses soupières, mais à la grimace de délectation qui gonfla toutes ces figures de bandits, à leurs yeux étincelants comme des escarboucles, je compris qu'on était satisfait du cabaretier. Quatre cochons de lait, dont les entrailles étaient recousues, devaient contenir également des merveilles gastronomiques dans leur intérieur. Les invités, cependant, arrivaient coup sur coup, se groupaient, se félicitaient, s'intéressant l'un de l'autre ; quelques-uns vinrent en fiacre.

« Je reconnus là des gourgandines qui se tiennent à la porte des églises, parées, bichonnées, décrassées pour ce jour-là, et que dans tout autre temps on ne toucherait pas avec des pincettes. Il fallait voir la métamorphose pour y croire.

« Les estropiés étaient en fort grand nombre : *on n'a pas plus de civilité dans les façons chez les riches bourgeois de la rue des Lombards.* Le trait caractéristique de la plupart des physionomies était un regard perçant et moqueur. Quelques aveugles furent amenés par leurs soi-disant filles, squelettes liés au sort de ces *braves* gens pour l'intérêt de leur commerce, et sur lesquels un carabin prendrait des leçons d'ostéologie, sans avoir besoin de les faire écorcher.

« Du reste, il faut que ce soit leur acabit naturel, car, lorsqu'il fut question de déplacer une de ces longues tables pour établir un courant de circulation entre les tabourets et les murailles, quatre de ces momies, dont les articulations semblaient devoir se disjoindre au premier choc, soulevèrent le meuble massif avec une prestesse dont on ne les aurait pas crues capables. Des mendiants galantins apportèrent des fleurs, qui, bientôt, sur le visage de ces dames, jurèrent avec leurs figures rancies et revêches. Leur sourire de remercîment aurait fait fuir le diable : il m'ôta l'appétit. Les pralines et les bonbons, les pastilles ambrées, les liqueurs pour s'ouvrir l'estomac circulèrent, au choix des invités; et deux clarinettes donnant le signal (car ces gaillards-là mangeaient aux sons des instruments), les commissaires me firent déguerpir avec les autres gens de service.

« On ferma soigneusement les portes ; le sieur Drouet, avec qui je renouai plus amplement connaissance, en jugeant quelques-unes des bouteilles mal à propos déclarées suspectes et qui se laissèrent boire, m'apprit que chaque convive payait par tête la somme de six livres, sans compter les liqueurs et le café. ».

Les principaux gueux de Paris, la haute classe des mendiants connus pour les plus huppés, protégés par les dévotes de Mgr l'archevêque de Paris, dont ils sont les courtiers et les espions, ne manquent jamais, à chacune de ces solennités, d'envoyer, au préalable, des commissaires chargés de débattre le prix. Malgré toutes leurs finesses, on les attrape encore. Il est probable que dans ces repas s'agitent les grands intérêts du métier, les conventions pour interdire, de gré ou de force, la place à des demandeurs qui ne sont pas de la confrérie. On sait l'art d'écraser un faux frère et de l'expulser.

Les gens réellement sans travail forment la

classe des *mendiants momentanés*. Ici, il n'y a pas d'art, et pour les juger il ne faut pas être sévère, encore que le résultat soit le même.

Espérons que plus tard, le progrès aidant, la mendicité disparaîtra de nos mœurs, comme la lèpre du moyen âge.

Je ne demande pas qu'on réunisse tous les mendiants dans la plaine Saint-Denis, et que là un entrepreneur général de destruction tue tout cela au moyen du canon à manivelle qui exécute un peloton à la minute ; non ; mais nous ne sommes pas si pauvres de chercheurs, qu'on ne puisse trouver un moyen de remédier à cet état de choses.

IV

LA MÈRE BAPTÊME

IV.

LA MÈRE BAPTÊME

———

Vers la fin de 1866, une centaine de jeunes gens du quartier latin conduisaient à sa dernière demeure une pauvre femme qui fut un type curieux, type qui n'est pas sans une certaine ressemblance avec *la femme au bouquet*, l'ancienne amie de Borie, un des quatre sergents de la Rochelle.

Son cercueil ne ruisselait point de larmes blanches, les cloches ne lui jetaient point leurs lamentations, mais elle était bien accompagnée.

La mère Baptême avait dû être très-belle ; en ces derniers temps, elle était grande et maigre : cela se conçoit, elle avait tant pleuré que les larmes avaient tracé sur ses joues un sillon profond; son incohérence prévenait en sa faveur et sa douce et timide folie inspirait la pitié.

En été comme en hiver, elle était vêtue d'une robe noire de barége qui flottait sur son maigre corps comme un drapeau au gré du vent; elle était coiffée d'un vieux chapeau déformé par l'usage, garni de fleurs fanées comme sa pauvre existence; elle portait d'une main un vieux manchon usé, et de l'autre un grand parapluie déchiré, toujours ouvert, quel que fût l'état de l'atmosphère. Elle portait de plus un seau en zinc ; les gamins du quartier, ne la voyant jamais sans ce seau, la surnommèrent *la mère Bavtême.*

Ce surnom lui resta.

La pauvre femme habitait une vieille maison, rue Saint-Jacques, qui n'avait pour entrée qu'une allée étroite et sombre que le soleil n'avait jamais songé à visiter. Un escalier raide et élevé conduisait à son pauvre réduit ; une corde graissée par un long usage, et visqueuse par l'humidité qui s'exhalait d'un puits situé dans l'allée, servait de rampe.

Quand à grand'peine on avait gravi les cinq étages, on trouvait, à droite et à gauche, un immense couloir ; de chaque côté de ce couloir une douzaine de petites portes numérotées, dont les ais mal joints forçaient le locataire à sentir, pendant l'hiver le froid dans toute sa rigueur, et pendant l'été toutes les odeurs malsaines qui montaient des ruisseaux et des cuisines voisines ; ce couloir donnait accès à une chambre qui n'en méritait assurément pas le nom.

C'est dans cette chambre que vécut et mourut *la mère Baptême*. L'intérieur en était horrible, c'était un vrai capharnaüm. Le visiteur qui se fût égaré dans ce taudis aurait eu peine à distinguer un être humain au milieu de la masse confuse d'objets qui gisaient épars sur le carreau.

De chaque côté du mur pendait une défroque qui sentait la Morgue d'une lieue.

Il y avait de quoi frémir en voyant cette misère. Une caisse à savon garnie d'un maigre matelas servait de lit à *la mère Baptême;* elle était couverte en tout temps d'une couverture en *cabri* rongée par des insectes de tous genres... Le soir que je la vis, sur un pot à beurre en grès renversé brûlait une chandelle des huit, dont la mèche tombait et fumait répandant une odeur âcre et nauséabonde ; il n'est pas exact de dire que cette pauvre chandelle brûlait, elle était entourée d'une auréole rougeâtre qui l'empêchait de se consumer; le manque d'air de la chambre et les émanations viciées du dehors mettaient obstacle à sa combustion.

D'où venait cette femme ?

Quel était son passé ?

Etait-ce la débauche ou le malheur qui l'avait réduite à cette triste position ?

Hélas ! c'était le malheur.

Son histoire est des plus simples, en peu de mots la voici :

Avant 1848, elle était institutrice. Un jeune homme du meilleur monde, M. de S..., riche et considéré, en devint éperdument amoureux. *La mère Baptême* était vertueuse, elle ne voulut pas céder; M. de S.... l'épousa.

Après la révolution, M. de S.... perdit toute sa fortune ; il en devint fou de chagrin, et, trompant la surveillance active et inquiète de sa femme, il disparut un matin. Madame de S.... ne sut que penser de cette brusque disparition, elle chercha partout sans relâche et sans succès, lorsque enfin elle trouva dans un séau un billet écrit au crayon dont voici la teneur :

> Ma chère amie,
>
> Je vais faire un voyage dans la lune. Je ne puis te fixer l'époque de mon retour.
>
> Adieu, je t'embrasse.
>
> Ton mari,   J. DE S.....

Madame de S... se mit immédiatement à la recherche de celui qu'elle pleurait, courant toutes les rues de Paris, le demandant à tous les échos, lorsqu'un matin, en passant dans la Cité, elle entra machinalement à la Morgue.

Le premier cadavre qui frappa ses regards fut celui de son mari étendu, le visage tuméfié, sur la dalle funèbre.

La pauvre femme devint livide ; elle alla s'adosser à la muraille pour ne pas tomber ; puis, tout à coup, se mit à rire aux éclats.

Elle sortit de ce triste lieu en gambadant, ayant perdu la raison, et avec elle, heureusement, le souvenir. C'est depuis cette époque qu'elle habitait la rue Saint-Jacques, et portait à son bras le seau en zinc qui avait contenu la lettre d'adieu de son mari.

C'était le dernier objet qu'il avait touché !

Elle passait sa vie à errer dans les rues du quartier latin ; et, une joyeuse nuit de carnaval, elle fut souvent prise par un passant pour un masque ; mais il était vite détrompé en regardant cette face hâve et maladive sur laquelle la douleur avait imprimé son stigmate.

Elle marchait gravement, la tête haute, arrêtant les jeunes gens dont la figure lui plaisait, s'inclinant devant eux et leur souriant toujours.

Si quelqu'un lui adressait la parole, elle tendait la main et demandait, devinez quoi ? un sou !

Ne pouvant pas ou ne voulant pas demander de protection, elle demandait l'aumône. Si on la lui refusait, elle cherchait à attendrir son interlocuteur par des paroles flatteuses ; elle réussissait presque toujours à se faire donner quelque argent...

La mort, charitable pour les pauvres gens à qui elle enlève un lourd fardeau, a pris pitié de *la mère Baptême* : elle repose aujourd'hui à la fosse commune, en compagnie d'autres misères. Elle a eu la triste consolation de ne pas aller seule à sa dernière demeure.

Un mois environ après la mort de *la mère Baptême*, on découvrit qu'elle n'était pas du tout dans la misère ; elle possédait une petite fortune : on trouva quarante mille francs en or dans les cendres que contenait la cheminée, où elle n'allumait plus de feu depuis longtemps.

Comment avait-elle une pareille somme en sa possession ? On ne le saura sans doute jamais. Son testament est des plus bizarres.

« Je lègue, y est-il écrit, mes vêtements et mon mobilier au musée des Souverains. Mon seau sera déposé à côté du petit chapeau de l'empereur Napoléon Ier, que j'ai bien aimé.

« Je donne tout mon argent à celui ou à celle qui aura mis une couronne sur ma tombe; dans le cas probable où personne ne songera à me témoigner cette dernière marque d'amitié, je désire que cette somme soit remise à l'audacieux voyageur qui tentera d'aller dans la lune ; s'il y trouve mon mari, il lui dira de ne pas revenir sur terre, mais de monter au ciel, où je l'attends. »

La mère Baptême avait mal jugé ceux qui la connaissaient. Bon nombre de personnes ont déposé des fleurs et des couronnes sur sa tombe. La pauvre femme a au moins dix-huit héritiers.

V

UN IN PACE

V

UN IN PACE

Pour faire la rue de Turbigo, on a démoli l'ancien couvent de la Madeleine, situé rue des Fontaines, n° 12.

Voici à quelle occasion ce couvent fut fondé.

En 1618, Robert de Montry, marchand de Paris, rencontra deux filles publiques qui lui témoignèrent le désir de quitter leur vie de honte et de scandale; il leur donna asile dans sa maison.

Quelque temps après, il parla de ce fait à la marquise de Maignelay, sœur du cardinal de Gondi, qui acheta le couvent de la Madeleine, et légua pour l'entretien des repenties la somme de 101,600 livres.

Parmi les religieuses célèbres qui prirent le voile dans cette maison, nous pouvons citer les deux demoiselles de Brancas, qui y moururent en 1697, et dont les corps furent retrouvés en 1806.

Ce couvent fut converti, en 1793, en une prison publique pour les femmes prévenues.

En 1830, on y mit les jeunes détenus au-dessous de seize ans ; et enfin, quelques années plus tard, on y enferma les criminels de toutes conditions.

Parmi les prisonniers qui y furent détenus, on cite l'auteur du *Voyage du jeune Anacharsis*, Fleurieux, ex-ministre de la marine; Crosne, ancien lieutenant de police; le général Lanoue, Saint-Prix, Van Hove, Dupont et d'Azincourt, de la Comédie-Française.

Cette prison avait un aspect aussi triste à l'extérieur qu'à l'intérieur.

Une fois la porte d'entrée franchie, on se trouvait dans la cour des prévenus, la seule pavée ; elle était encadrée sur toutes les faces par des bâtiments élevés qui portaient le caractère du dix-septième siècle ; les pierres de taille se détachaient sur un fond de briques brunies par le temps. L'encadrement était complété par un mur d'une vingtaine de pieds de hauteur.

Au rez-de-chaussée du bâtiment, mais de deux côtés seulement, régnaient des arcades semblables à celles de la place Royale, où les prisonniers se réfugiaient quand il pleuvait. Le milieu de la cour était occupé par une grande fontaine à réservoir supérieur; autour de cette fontaine quelques maigres arbustes végétaient misérablement, jaunes et étiques, comme tout ce qui est privé d'air et de liberté.

Cette prison était la plus insalubre de Paris; en revanche, elle était toujours la plus pleine. A ce sujet, le commissaire Marino répondait jadis aux prisonniers qui se plaignaient de manquer d'air :

« Patience, mes amis, vous serez bientôt sans doute dans de vastes prisons. Ici, vous êtes dans l'antichambre. »

Bon commissaire !

La curiosité la plus étrange, la plus épouvantable de ce triste lieu, c'était la cave. Elle se trouvait à gauche de la prison ; une petite grille très-basse y donnait accès. On descendait cinq marches seulement ; mais le sol était fort en pente. Un couloir sombre et humide, d'une longueur de 50 mètres environ, y conduisait.

A gauche du couloir, il y avait un petit bénitier scellé dans la muraille. Nous verrons son usage tout à l'heure.

Le couloir franchi, on trouvait à droite et à gauche une vaste crypte qui servait de lieu de sépulture. Cinquante tombereaux d'ossements en furent retirés il y a quelques années. A la droite de la crypte, il y avait un gros pilier qui, de prime abord, ressemblait aux autres ; il avait environ 6 mètres de hauteur du sol; une petite porte dissimulée dans le pilier s'ouvrait au moyen d'un ressort caché, et laissait voir un puits d'environ 10 mètres de profondeur. Le pilier était creusé dans toute sa hauteur.

Ce puits avait dû être très-profond dans l'origine, car, à l'époque où la prison fut démolie, il contenait encore beaucoup d'eau ; sur la gauche du pilier, et faisant corps avec la cloison, se trouvait une sorte de sépulcre en pierre, haut de UN

MÈTRE VINGT CENTIMÈTRES et large de QUARANTE CENTIMÈTRES.

Ce sépulcre n'avait d'autre ouverture que sur le puits. Au-dessous, on avait disposé un foyer. La pierre qui se trouvait en contact avec le feu était fendillée et brisée en plus de mille endroits.

L'histoire ne fait aucune mention de tout cela, mais la raison en est bien simple, personne ne connaissait l'existence de cette *oubliette*.

Dulaure, dans son *Histoire de Paris*, parle bien d'un *in pace*, mais il le place à l'ancien couvent des Capucins, rue Saint-Honoré, et d'ailleurs cet *in pace* n'a aucun rapport avec celui-ci, il n'était pas construit de même.

A quoi servaient ce puits, ce sépulcre, ce foyer?

Mes lecteurs ont sans doute déjà deviné une de ces inventions horribles devant lesquelles l'imagination semble effrayée.

La pensée barbare qui avait présidé à la construction de cet épouvantable instrument de supplice n'est malheureusement que trop facile à saisir.

On enfermait les religieuses, condamnées à

mourir, dans ce sépulcre en pierre ; une fois refermé, le feu était allumé au-dessous, et la pauvre victime n'avait d'autre alternative que de se laisser étouffer lentement ou de se noyer.

Quel supplice atroce ! De quels cris de douleur ce sombre cachot ne devait-il pas retentir ?

La patiente, accroupie, essayait vainement de briser son tombeau ! La pierre avait gardé la trace des efforts multipliés, surhumains, qu'avaient dû faire les victimes.

Si quelqu'un me demandait comment il se fait qu'on n'a retrouvé aucun ossement, je lui répondrais que tout avait été prévu par les bourreaux.

Ah ! ce sont des gens prévoyants !

Ils avaient fixé une poulie au centre du pilier, elle était munie d'une corde qui soutenait un crochet, au moyen duquel les corps étaient retirés de l'eau. Quelques gouttes d'eau bénite, un cierge tremblotant, deux ou trois phrases latines, un mètre de terre, et tout était dit.

Le cachot seul aurait pu parler.

Lors de la démolition, qu'est devenu ce pilier ?

VI

ÉMOTIONS A DOMICILE

VI

ÉMOTIONS A DOMICILE

Quand on appelle Paris : la ville des merveilles, les pessimistes se récrient, protestent : « Paris... mais jamais il ne s'y produit rien de nouveau ! » C'est une erreur : Paris, au contraire, est peuplé d'un monde de chercheurs qui se renouvellent sans cesse ; quand l'un tombe, l'autre apparaît.

N'est-ce pas Paris qui a donné le jour au berger en chambre, au fabricant de trompettes pour le Jugement dernier, au marchand de verres pour les éclipses, à l'homme-orchestre? N'a-t-on pas proposé de remplacer la lecture des journaux par un récitatif que devait faire à domicile un artiste spécial, chargé de s'imprégner quotidiennement du contenu des journaux de toutes sortes, et d'aller *porter en ville* au gré des consommateurs? Nous avons eu aussi M. C. Hugot qui proposait de lire l'Iliade en tous sens?

Tout cela n'était pas assez, il manquait à notre bonheur un *comédien en chambre.* Il ne nous manque plus rien, il est trouvé ; voici l'annonce que contenait un journal de Paris :

SPECTACLE A DOMICILE

(innovation ingénieuse)

« Ce qui compenserait la privation que des amateurs de spectacle ont de ne pouvoir *y assister*, *pour maints motifs*, serait de se faire donner à domicile la représentation *auditive* des pièces théâtrales qu'on désirerait entendre.

« M. Garnier, ayant acquis un talent particulier dans la déclamation dramatique, et pouvant *disposer de ses soirées cet hiver*, offre de les consacrer aux sociétés qui voudront bien l'honorer de leur audition.

« Une bonne diction et le changement de ton qui

convient aux répliques, *suivant le caractère et les inflexions de la voix*, qu'exige le rôle de chacun des acteurs, et suivant la variation des intonations du langage de chacun des personnages : telle est la *composition de cette déclamation*, laquelle compense l'obligation où l'on est au théâtre d'entendre et de subir de mauvais ORGANES *parmi* les rôles secondaires.

« Le *spectacle à domicile* est une création nouvelle appelée à avoir une grande vogue cet hiver dans les cercles et dans les salons de Paris. »

Après avoir lu cette annonce, je me suis transporté à l'adresse qu'elle indiquait. Là j'ai trouvé un homme encore jeune, brun, grand, aimable, l'aspect d'un avocat qui aurait toute sa barbe, et je lui ai demandé de vouloir bien me donner une *représentation*.

La scène représente une chambre et un paravent ; la chambre est tapissée de papier bleu à grands ramages communs, le paravent est semblable à la chambre. M. Garnier me donna son répertoire, ainsi conçu :

Les Mémoires du Diable.
Bruno le fileur.
Le Gamin de Paris.
Paul et Virginie.
Les Suites d'un premier lit.
La Sœur de Jocrisse.
Les Cocasseries de la danse.
La Consigne est de ronfler (accent alsacien.)
Madame Camus et sa demoiselle.
Mathias l'invalide.
La Bohémienne de Paris.
La Tour de Nesle.
La Dame aux camélias.
L'Homme blasé.
Marie-Jeanne, ou la Femme du peuple.
Le Supplice d'une femme.
Diane de Lys.
Les Diamants de la couronne.
Un Mariage sous Louis XV.
Les Saltimbanques.

Je choisis *la Tour de Nesle*. Immédiatement, M. Garnier passe derrière le paravent : le voilà père noble, jeune premier, duègne, jeune première et ingénue. Il agite une sonnette, cela est nécessaire pour l'*illusion*, et, comme dans les féeries de nos jours, la fête commence. On ne voit pas l'acteur ; ce mélange de voix produit un singulier effet. Je suppose néanmoins qu'il a des accessoires ; dans une scène de duel, pour imiter le froissement de l'acier, il doit entre-choquer la pelle contre les pincettes. Il est superbe, par exemple, à la scène VIII du dernier acte : comme l'acteur est caché, il est forcé d'interrompre son dialogue pour expliquer les diverses situations : *Gauthier entre tout ensanglanté;* ou bien : *Buridan se penche sur son fils, et, à genoux, il déchire la manche de Gauthier et regarde le bras.*

C'est bizarre, mais la profonde conviction de l'acteur l'empêche d'être ridicule.

Il imite mesdemoiselles Georges, Mars, MM. Frédérick Lemaître, Bocage; en un mot, tous les artistes célèbres.

Par quel concours de circonstances M. Garnier a-t-il été amené à avoir l'idée de cette singulière innovation ? C'est bien simple, c'est la passion irrésistible du théâtre ; mais une passion qui n'est pas comme une autre : pour les uns, il faut le feu de la rampe, la salle comble, les applaudissements d'une foule entraînée. Pour lui, rien de tout cela ; c'est la passion *littéraire*, sans costumes, sans décors, sans mise en scène ; cela change du *Diable boiteux* et de *la Biche au bois*. La rampe est remplacée par une lampe, l'orchestre se compose d'un piano, et le *ballet* gît dans un coin.

La simplicité de ce spectacle sera, je le crains, un obstacle à son succès; les sens ne seront pas *empoignés* par l'apparence extérieure; nous avons un trop grand et trop profond amour pour les changements à vue et les costumes éclatants, qui remplacent aujourd'hui le style et épargnent la peine de penser.

Mettez un roi sur une chaise, il ne sera plus le roi; mettez-le sur un trône couvert de velours, élevé sur des gradins surmontés d'un dais en drap d'or, l'imagination sera frappée. Il en est de même au théâtre : si un acteur est assez audacieux pour mépriser le *masque*, la lumière électrique et les mille ressources du théâtre moderne, il oublie les premières règles de l'art; le drame, la comédie sont tombés par les exhibitions que l'on nous fait chaque soir.

Il reste à M. Garnier à jouer le drame antique, à déclamer les classiques; mais, chez un peuple blasé, il ne reste ni assez de fraîcheur d'imagination, ni assez de patience pour goûter et apprécier les *perruques*, comme disent les auteurs de *flonflons*. A palais usé et à estomac appauvri, il faut des excitants ; la grandeur est une farce, la générosité de la bêtise, et l'humanité de la faiblesse... Des jambes! des jambes! c'est le cri de ralliement.

Mais il reste une ressource à M. Garnier : les auteurs dramatiques refusés pourront se *payer* la satisfaction de faire jouer leurs œuvres..... en chambre !

VII

SAINTE GENEVIÈVE

VII

SAINTE GENEVIÈVE

Tous les ans, depuis des siècles, le 3 janvier, l'église Saint-Etienne-du-Mont est envahie par une foule considérable. Les abords de l'église sont obstrués par une grande quantité de marchands qui vendent des objets de piété, des fleurs artificielles, des couronnes d'immortelles, des médailles, des chapelets, etc., etc. Les siècles se sont succédé, des révolutions ont changé la face de nos institutions, le cours de nos idées ; mais la neuvaine existe toujours, la croyance en la châsse de sainte Geneviève est la même.

Le temps, qui déchire si impitoyablement les

feuillets de notre histoire, qui a effacé sur la poussière de notre monde tant d'empreintes de capitales, qui a rayé de la mémoire des générations tant de noms de peuples, de conquérants et de grands hommes, a respecté la mémoire d'une pauvre fille, il a conservé la tradition.

Génovéfa, et, par corruption, Geneviève, est née à Nanterre en 422 ; elle y résidait avec ses parents et gardait leur troupeau. On montre à Nanterre un puits d'où elle tirait l'eau dont elle se servait pour faire des miracles.

Après la mort de ses parents, Geneviève se retira à Paris, où elle vécut dans la plus grande simplicité. La légende rapporte qu'elle ne prenait pour toute nourriture que du pain d'orge et des fèves cuites. Comme elle passait pour sainte, les Parisiens l'accablaient d'injures et de mépris. Un jour, Attila, ce *Fléau de Dieu*, Attila, qui disait : « L'herbe ne croît plus partout où mon cheval a passé ! » Attila, qui répondait au roi Théodose : « Croyez-vous qu'il puisse exister une forteresse ou une ville, s'il me plaît de la faire disparaître du sol ? » arriva, avec cinq cent mille hommes à l'aspect farouche, coiffés d'un bonnet de peau de bête, à peine couverts d'une misérable tunique, sous les murs de Paris. Les Parisiens, épouvantés, ne songeaient pas à résister ; ils se préparaient à fuir. Geneviève marcha au-devant d'Attila, et ce roi barbare, qui, parti de l'Asie, avait ravagé tout l'Occident, mit bas les armes devant la jeune vierge. Les Huns, ralliés entre la Somme et la Marne, se dispersèrent, et la petite ville de Lutèce devint Paris, au lieu d'être, comme tant de cités gauloises, un immense désert dont l'herbe et les eaux recouvriraient aujourd'hui les ruines.

Le roi Clovis fit bâtir, à la prière de Geneviève, une église en l'honneur des apôtres saint Pierre et saint Paul, église qui prit plus tard le nom de Sainte-Geneviève. Elle mourut le 3 janvier 512, à l'âge de quatre-vingt-dix ans ; son corps fut inhumé dans l'église que Clovis avait fait construire à sa demande. Elle reposait dans la crypte en compagnie de sainte Prudence.

Quelque temps plus tard, ses ossements furent retirés de la crypte et mis dans une châsse.

L'église de Sainte-Geneviève dépendait de l'abbaye du même nom. Les moines eurent une querelle à l'occasion d'un tapis sur lequel le pape avait marché en célébrant la messe ; ils furent remplacés par douze chanoines tirés de l'abbaye de Saint-Victor ; mais en partant, malgré les ordres de l'abbé Suger, ils emportèrent une partie du trésor et détachèrent de la châsse des ornements qui pesaient quatorze marcs d'or. Le bruit se répandit que les chanoines, furieux, avaient coupé la tête de sainte Geneviève et qu'ils l'avaient enlevée de la châsse. Pour détruire ce bruit alarmant, on fit solennellement ouvrir cette châsse, et l'on montra le corps de la sainte muni de sa tête, puis on chanta un *Te Deum*.

Les Normands détruisirent la châsse en partie ; elle fut pour la seconde fois fabriquée par un orfévre appelé *Bonard*, qui employa pour ce travail 173 marcs d'argent et 7 marcs et demi d'or. Cette châsse était, lors des grandes calamités publiques, solennellement promenée dans les rues de Paris.

Il existe des témoignages de plusieurs de ces processions : « Moult honorablement la faisoit porter le roy Charles V, » dit un ancien écrivain, « quart quand il la faisoit porter, celx de Notre-Dame, celx des autres collèges, tant réguliers que séculiers, alloient nuds-pieds, et parce il en venoit toujours aucun bon office. »

La châsse de sainte Geneviève, plus riche que belle, offrait une infinité de détails, beaucoup d'or et de pierreries. Elle était supportée par quatre statues plus grandes que nature ; au-dessus brillaient un bouquet et une couronne de diamants, deux présents faits, le premier par Marie de Médicis, le second par Marie-Élisabeth d'Orléans, reine douairière d'Espagne.

En 1793, toutes ces richesses furent portées à la Commune et servirent à acheter des sabots et du pain aux soldats de la République, qui tombaient à la frontière en défendant les libertés de la France.

J'ai dit plus haut que la châsse sortait dans les grandes occasions, elle ne sortait que si les moines le voulaient bien : ainsi, ils la refusèrent pour la cérémonie de la translation de la couronne d'épines à la Sainte-Chapelle le jeudi 18 août 1233. Pour motiver ce refus, les chanoines dirent que la châsse ne franchirait jamais le seuil de leur église, à moins que les chanoines de Notre-Dame ne vinssent l'y inviter, avec celle de Saint-Marcel, conservée également chez eux.

L'histoire rapporte que saint Louis se contenta de cette excuse. Pourtant la châsse figure dans une procession extraordinaire qui eut lieu, le 21 janvier 1536, en expiation de placards affichés dans les rues par les protestants et qui insultaient les catholiques.

En 1129, Paris fut en proie à une maladie cruelle nommée *le mal des ardents*. Les médecins n'y connaissaient rien, les malades se désespéraient et mouraient sans secours, qui du reste eussent été inutiles. La population, ne sachant plus que faire, eut recours aux jeûnes, à la prière, et spécialement à l'intercession de sainte Geneviève. La châsse fut portée solennellement à la cathédrale. La nef et le parvis étaient pleins de malades qui, en passant sous la châsse, furent guéris à l'instant, à l'exception de trois, dont l'incrédulité était notoire. C'est le cas ou jamais de dire, avec le proverbe : « Il n'y a que la foi qui sauve. »

Le pape Innocent II vint à Paris en 1131, il fit vérifier ce miracle et, l'ayant constaté, il ordonna qu'on en célébrerait la fête tous les ans, le 26 novembre.

L'abbé Lebœuf nie ce miracle; il affirme qu'il n'est appuyé sur aucune autorité digne de foi, et qu'il fut inventé par un curé nommé Geoffroy Boussart.

Les reliques sont exposées, comme nous l'avons dit plus haut, à l'église Saint-Étienne-du-Mont, située à côté de l'emplacement de l'ancienne église de Sainte-Geneviève, et qui doit son origine à une chapelle basse attenante à cette dernière et portant le nom de *chapelle du Mont*. La façade principale de cette église affecte la forme pyramidale et offre un caractère étrange qui n'est pas sans charme.

La première pierre en fut posée, en 1611, par la première femme de Henri IV, Marguerite de Valois, qui, pour avoir cet honneur, donna la somme de 3,000 livres.

Le jubé est une des œuvres les plus remarquables du dix-septième siècle : il dépasse en élégance et en finesse tout ce que l'esprit le plus difficile peut rêver. Ses deux escaliers s'élèvent en spirale autour du fût d'une colonne jusqu'aux galeries supérieures. Les galeries qui tournent autour du chœur sont des modèles de légèreté et de délicatesse. Le jubé a été achevé en 1650, comme l'indique le millésime qui s'y trouve.

Au milieu de la voûte de la croisée pend et descend de 12 pieds ce qu'on nomme vulgairement *cul-de-lampe* ou *clef pendante ;* cette construction est formée des nervures de la voûte, qui, après en avoir suivi la courbure, retombent en s'unissant et présentent une masse suspendue et sans assise.

Ce tour de force dans l'art de construire cause aux spectateurs un véritable étonnement.

La neuvaine commence le 3 janvier ; aussi, avant huit heures du matin, la place du Panthéon est envahie par une foule empressée d'adorer les reliques.

A l'époque de la démolition de l'église abbatiale de Sainte-Geneviève, en 1801, on retrouva dans la crypte le cercueil de pierre de la patronne de Paris. Ce tombeau, demeuré vide lorsque les reliques en furent tirées pour prendre place dans une châsse, est précieusement conservé dans une chapelle absidale de Saint-Étienne-du-Mont ; il est entouré de milliers de cierges brûlants et renouvelés sans cesse. Ce n'est pas un spectacle vulgaire ; sans être religieux, on est ému : tout ce monde agenouillé, la voix de bronze des cloches, le chant des prêtres, les estropiés qui espèrent ! Ils ne s'en vont pas guéris, il est vrai, mais ils ont oublié leurs maux un instant, la foi leur a donné une heure de bonheur.

L'intérieur de l'église est pavoisé de banderoles en soie bleue, d'écussons, d'*ex voto* appendus aux murs et offerts par des familles reconnaissantes.

Il y a là des tableaux de prix. Un, entre autres, fut voté en 1667 par les échevins de Paris, à l'occasion de deux années de famine ; il fut peint par Largillière. Il y a aussi une petite vitrine remplie d'objets précieux, parmi lesquels j'ai remarqué bon nombre de croix de la Légion d'honneur. Ce sont des dons d'officiers échappés à la mort.

Les visiteurs peuvent être évalués à cent mille, le chiffre des recettes à cent cinquante mille francs, car chacun donne pour avoir le droit de faire toucher un objet quelconque à la châsse de la sainte. Des gens y viennent des pays les plus éloignés.

Le principal résultat de la neuvaine, c'est qu'elle fait faire pour plusieurs millions d'affaires et qu'elle sert à nourrir bien des familles pendant toute une année.

VIII

MADAME CLÉMENCE

VIII

MADAME CLÉMENCE

Les historiens futurs de Paris n'auront pour écrire l'histoire des mœurs de la capitale que les *faits-divers* racontés jour par jour dans les journaux. Le *fait-divers* peut s'entendre et se comprendre de deux façons : le fait brutal en deux lignes, et le fait anecdotique avec agréments de détails; l'un sert de guide, de renseignement pour l'autre, qui le complète.

Ainsi, presque tous les journaux de Paris contenaient, dans le courant de février, ces lignes : *Madame Clémence est morte cette nuit d'une attaque d'apoplexie.*

Pour presque tous les lecteurs, qu'est-ce que madame Clémence? Peu leur importe qu'elle vive ou qu'elle meure, si on ne leur dit pas la raison qui a valu à cette célébrité, réelle ou fantaisiste, l'honneur d'une mention dans un journal.

Madame Clémence était un curieux type. Au physique, elle tenait de la femme de ménage, elle en avait les allures carrées, les mouvements brusques; son visage était coloré comme l'intérieur d'une vieille futaille. Quant au moral, dame!... au moral, c'était madame Clémence.

On pourrait écrire des volumes sur elle, car elle a vu défiler à sa table d'hôte une foule d'individus. Les uns, comme Febvre, Raynard, Dumaine, les frères Lyonnet, Thérésa, sont *arrivés;* les autres... sont arrivés aussi, mais au dernier degré de la misère, de l'isolement et de l'oubli.

Clémence débuta cité Riverin, et assurément, si la table d'hôte n'eût pas existé, elle l'eût inventée. Était-ce besoin de dépenser son gros capital d'activité, ou besoin de sociabilité? Je ne le sais. Toujours est-il qu'elle tenait, en dernier lieu, la même table d'hôte rue de Bondy.

Paris pouvait changer sa physionomie, Clémence ne changeait pas celle de sa table d'hôte, qui était la même que trente ans auparavant : mêmes meubles, mêmes rideaux, mêmes couverts et surtout même nourriture.

Ce qui se dépensa d'esprit à cette modeste table est incroyable. C'était, du reste, la seule monnaie courante, car ceux qui la fréquentaient avaient beaucoup d'esprit, mais en revanche peu d'argent. On y déjeunait pour un franc cinquante, on y dînait pour deux francs : ce n'était pas cher, mais, en revanche, ce n'était pas bon.

Clémence ne faisait pas payer sa pension d'avance, pourtant, deux jours avant sa mort; mue sans doute par un pressentiment, elle exigea que ses pensionnaires prissent des cachets. Ils en prirent pour un millier de francs.

Clémence avait une singulière manie, elle tutoyait tous ses pensionnaires. Bonne femme au fond, mais peu endurante, ne souffrant jamais une observation ; par exemple, elle ne voulut jamais donner de moutarde ! Le seul homme qu'elle n'osa jamais tutoyer était un homme entre deux âges (un type aussi, celui-là, *l'ami des comédiens*), qui avait une petite fortune et qui la dépensait là. Tous les goûts sont dans la nature.

Schey, le joyeux comique du boulevard, jouait alors la tragédie de Racine et de Corneille. Il était en pension chez Clémence. Il avait pour camarade un nommé Noailles, à eux deux ils faisaient les délices de la pauvre maison. Noailles, plus heureux que Schey, fut engagé à l'Odéon ; il y *jouait* la tragédie le soir et *jouait* au billard pendant le jour.

Un soir qu'il était en scène, un spectateur à qui il avait gagné une partie la veille lui cria : « Ohé ! Noailles, assez de classiques.... Donne-moi ma revanche... viens faire trente carambolages ! » Noailles s'avança gravement vers la rampe et répondit : « Patience, monsieur ; à présent la tragédie, tout à l'heure le billard.... » Et il continua :

J'ai fait ce que m'ordonne un devoir légitime.

Thérésa était une assidue de la table d'hôte. Dans ses *Mémoires*, elle a rendu célèbres les dix francs de Dumaine, qui sont la suite des dix écus de Franklin, dix écus qui font le tour du monde sur les ailes de la charité ou plutôt de la fraternité.

Clémence renvoyait ses pensionnaires de bonne heure afin de satisfaire sa passion pour le théâtre; c'était une fanatique de mélodrame, elle avait son *service*. Ses pensionnaires, alors désœuvrés, allaient au *café des Mousquetaires*, où on soupait pour *un franc vingt-cinq centimes*. Ce café fermant à une heure du matin, c'était trop tôt pour aller se coucher, toute la tribu venait s'installer sur des chaises dans la partie du boulevard comprise entre le Château-d'Eau et l'Ambigu-Comique.

Dans le quartier on les appelait : Le clan des *Noctambules*, et l'endroit où ils se réunissaient se nommait *Coblentz*.

Un soir, Clémence était avec eux, le cénacle était au complet ; Durandeau et Privat d'Anglemont contaient des histoires, comme eux seuls savaient le faire. Tout le monde écoutait. Vers deux heures du matin, Clémence, qui s'ennuyait, demanda à s'en aller et pria que quelqu'un voulût bien la reconduire ; mais, comme représailles, on se moquait d'elle, on la plaisantait; enfin on chargea Cochinat de cette difficile mission. Cochinat, qui n'était pas son pensionnaire, qui ne lui devait rien, fut poli tout le long du chemin et lui récita pour charmer la route des vers de Musset et de Lamartine. Bref, arrivée à sa porte, elle entra chez elle comme une furibonde en disant au concierge : « Prenez garde, il est fou ! »

Soyez donc poli, et surtout littéraire !

En somme, Clémence avait des travers, des défauts, mais jamais personne ne frappa en vain à sa porte ; et plus d'un aujourd'hui, arrivé à la gloire, ne le doit qu'à la pauvre Clémence, qui se chargea des étapes.

IX

LA TOUR DU TÉLÉGRAPHE

DE MONTMARTRE

IX

LA TOUR DU TÉLÉGRAPHE DE MONTMARTRE

Le 7 mai 1866, la pioche du démolisseur attaquait *la tour du télégraphe de Montmartre*. Depuis longtemps déjà, le télégraphe n'existait plus, remplacé qu'il est par l'électricité.

La tour démolie était bâtie à l'extrémité de l'ancienne abbaye, dans laquelle les criminels de toutes sortes avaient le privilége de trouver un asile inviolable.

La construction de cette tour se perd dans la nuit des temps. En 1133, Louis VI et Adélaïde de Savoie y établirent un couvent de religieux et en firent restaurer l'antique chapelle du martyr, qui tombait en ruine.

Ce martyr fut saint Denis, qui fut décapité, en l'an 275 de Jésus-Christ, par ordre de l'empereur Aurélien.

Les bénédictins en prirent possession, une fois la restauration terminée.

C'est là que fut enterrée la reine Adélaïde de Savoie, femme de Louis le Gros. A propos de Louis le Gros, nous dirons que ses derniers descendants, la famille de Jarcy, habitent aux environs de Paris une ancienne abbaye fondée par la sœur de saint Louis, femme du comte de Thoulouse. Cette famille est issue de Robert de Dreux, deuxième fils de Louis le Gros.

Le tombeau de la reine Adélaïde fut conservé jusqu'en 1789. En 1376, Charles IV s'y rendit en pèlerinage, un gros cierge à la main, afin de remercier Dieu de l'avoir sauvé des flammes lors de la fameuse fête du Ballet des sauvages.

Le 15 août 1534, Ignace de Loyola partit du parvis Notre-Dame avec une petite troupe : ils chantèrent quelques versets des hymnes matinales.

François Xavier, Pierre Faber étaient du nombre. Cette petite troupe se rendait à l'abbaye de Montmartre, où ils prononcèrent leurs vœux. Ignace de Loyola, comme chacun sait, fut fondateur de cette Compagnie célèbre qui prit le nom de *jésuites*. Cette Compagnie ne tarda pas à être proscrite pour ses tendances envahissantes et autres. Les jésuites furent chassés d'Angleterre en 1581 et 1601, de France en 1594 et 1762, de Portugal en 1598 et 1759, de Russie en 1717 et 1817, de Chine en 1753, d'Espagne et de Sicile en 1767, et enfin ils furent supprimés par le pape Clément XIV.

Malgré et peut-être à cause de cette suppression, au 1ᵉʳ janvier 1845, on comptait encore, répartis sur la surface du globe, *trois mille huit cent sept jésuites*.

Le bon roi Henri IV, lorsqu'il assiégeait Paris en 1590, fit de Montmartre son quartier général. A cette époque, la mère abbesse était Marie de Beauvilliers, âgée de seize ans. Henri IV et ses soudards étaient bien souvent au couvent...

Du reste, voici le récit que fait Sauval : « L'abbaye de Montmartre devait cent mille livres, le jardin était en friche, les murs tombaient en ruine, le réfectoire était converti en bûcher, le cloître, le dortoir et le chœur en promenades. A l'égard des religieuses, peu chantaient l'office. Les moins... travaillaient pour vivre et mouraient presque de faim ; les jeunes se montraient fort mondaines ; les vieilles..... leur prêtaient une oreille trop complaisante. Marie de Beauvilliers voulut soumettre les religieuses à une règle plus sévère : elle mourut empoisonnée.

Il y avait dans l'abbaye une image de Jésus-Christ. Les bonnes femmes avaient la croyance que cette image rendait bons les mauvais maris. Pour cela, il suffisait de faire toucher la chemise des maris à l'image en question, et s'ils ne devenaient pas meilleurs dans l'année, ils mouraient.

En 1760, Marie-Louise de Laval, duchesse de Montmorency, y fut élevée à la dignité d'abbesse. C'était la mode à cette époque d'élever les filles de famille au couvent (Henri IV n'était plus là). Parmi les demoiselles qui y étudièrent, nous pouvons citer les noms suivants : de Beaumont, de Breteuil, de Saint-Simon, de Monpeou, la duchesse de Chartres, fille du duc de Penthièvre, etc., etc.

En 1745, Montmartre ne contenait que *deux cent vingt-trois feux,* environ *huit cents habitants;* aujourd'hui il en compte *soixante mille.*

Montmartre a environ 500 mètres de hauteur. Son sol est gypseux, on en extrayait du plâtre; les ouvriers y ont trouvé des fossiles et des animaux *marins* pétrifiés en assez grande quantité.

En 1793, la vieille abbaye fut transformée en temple de la *Raison :* une jeune et jolie fille de l'endroit y figurait la déesse.

Nous devons à l'obligeance de notre estimable confrère M. Oscar Comettant la communication d'un document unique. Ce document fait partie d'une notice de Mgr le cardinal archevêque de Paris, et n'a pas été publié.

Le voici :

« Si l'on se reporte au moyen âge, l'on voit vers le pied de la montagne de vastes marais traversés par le ruisseau de Ménilmontant, au bout desquels s'établirent la maladrerie de Saint-Lazare, la Grange-Batelière, les Porcherons, le château du Coq et la ville l'Evêque. Ce ruisseau, dont le nom indique le point de départ, aboutissait à la Seine, en traversant le faubourg nord de Paris, de l'est à l'ouest. En venant à la ville, après l'avoir franchi, on commençait à gravir la montée par plusieurs chemins, dont deux principaux.

« L'un suivait le parcours du faubourg Montmartre, passant devant la chapelle Notre-Dame-de-Lorette, appelée aussi Saint-Jean, rencontrant aussi, en montant, le chemin des Martyrs, le Colombier et l'abbaye, et plus haut, vers la place de la Mairie actuelle, la chapelle du martyr, dont il gagnait le sommet en serpentant.

« L'autre chemin suivait, à peu près, l'emplacement des rues Montorgueil, du Petit-Carreau, du Faubourg-Poissonnière et, après le marais, se dirigeait en diagonale vers la partie est de la butte qu'il côtoyait pour aboutir au hameau de Clignancourt ; à gauche de ce chemin, une bifurcation conduisait également au sommet par le chemin de la Fontenelle actuel.

« En sortant des marais, ces diverses voies traversaient des vignes et des carrières à plâtre, mais à mi-côte, vers l'emplacement des boulevards extérieurs. Ces exploitations cessèrent ; ce n'est qu'après la vente des biens de l'abbaye que la partie haute fut exploitée à son tour.

« A l'époque dont nous parlons, cette partie supérieure de la montagne avait l'aspect le plus gracieux : elle était couverte de bouquets d'arbres et de vignes, des bosquets ombrageaient les riantes fontaines qui existaient encore il y a quarante-cinq ans ; nos vieillards se souviennent avoir vu des partie de bois sur tout le flanc est de la butte, depuis la chaussée de Clignancourt.

« Dans un bosquet existait la fontaine de la Fontenelle, dont les eaux ont été conduites plus tard au Château-Rouge ; plus loin et au-dessus, se voyait la fontaine de la Bonne, dont le nom indiquait la qualité supérieure ; c'était elle qui alimentait l'abbaye et les habitants du village. Sous les arbres du chemin de la Procession, au bas de la rue Saint-Denis actuelle, vers le hameau de Clignancourt, il en existait une autre ; puis la fontaine du But, la seule qui soit intacte. Cette dernière, par sa forme et ses ombrages, par les beaux horizons qu'on y découvrait et par les ruines romaines qui l'avoisinaient, rappelait les plus beaux souvenirs de l'Italie. Plus haut, vers le couchant, au-dessus des moulins, la fontaine Saint-Denis, qui, ainsi que toutes les autres, fut détruite par les exploitations des carrières. Enfin, dominant ce magnifique ensemble le village et l'abbaye, dont les jardins et dépendances descendaient en amphithéâtre sur le flanc sud de la butte.

Tel était l'aspect de Montmartre au moyen âge.

La démolition de la tour était nécessaire pour réédifier l'église sur le plan ancien, que l'on a pu retrouver.

Les promoteurs de cette conservation sont à féliciter ; il est des choses qui font partie de l'histoire d'un pays.

Dans la chapelle abandonnée, on peut remarquer, gisant dans un coin obscur, quatre colonnes en marbre blanc et noir, d'un seul bloc, surmontées d'un chapiteau à feuilles d'acanthe, appartenant évidemment à la plus haute antiquité, au temple de Minerve peut-être.

X

L'ÉGLISE SAINT-LAURENT

X

L'ÉGLISE SAINT-LAURENT

L'église Saint-Laurent, complétement dégagée par le boulevard de Magenta, se trouvait en retraite et devait être allongée de deux travées et pourvue d'un nouveau portail ; grâce à M. Haussmann, ce beau travail est terminé.

La nouvelle façade est ajourée d'une grande baie à rinceaux, accompagnée de pinacles et surmontée d'une très-belle flèche dorée ; les arêtes de la flèche sont illustrées de dorures semblables à celles de la Sainte-Chapelle. Le sommet de cette aiguille est à 45 mètres du sol.

Le portail est percé de trois ouvertures dans la

porte principale dans l'axe de la nef, et deux petites portes donnent accès aux collatéraux ; douze figures, grandes comme nature, constituent les motifs d'ornementation de cette nouvelle entrée.

Ce grand travail a été exécuté d'après les plans de M. Constant Dufeu.

L'origine et même la position primitive de cette église sont peu connues. Elle existait au sixième siècle ; Grégoire de Tours en parle lorsqu'il fait le récit du débordement de la Seine et de la Marne, arrivé vers l'an 583, débordement si considérable que l'eau couvrait tout l'espace qui s'étend depuis la côte jusqu'à la basilique Saint-Laurent ; il en parle également à propos de *Domnole*, abbé de cette basilique, depuis évêque du Mans. (*Greg. Turon. Hist.*, lib. VI, cap. xxv.)

Il paraît pourtant que l'église Saint-Laurent était située dans le faubourg Saint-Dénis, et qu'elle occupait dans les premiers temps l'emplacement actuel de Saint-Lazare. Le cimetière de cette église était placé de l'autre côté de la route ; c'est sur son emplacement que fut édifié l'église actuelle. Ce qui le prouve, c'est une découverte faite au dix-septième siècle de plusieurs tombeaux en pierre et en plâtre, contenant des cadavres vêtus d'habits noirs, semblables à ceux des moines, tombeaux qui furent alors jugés avoir neuf cents ans d'antiquité. (*Recueil des historiens de France.*)

L'église fut dévastée par les Normands, au douzième siècle. Dans les *Lettres de Thibauld*, évêque de Paris, on voit cette église soumise à Saint-Martin-des-Champs.

Elle fut reconstruite au quinzième siècle (1429). En 1548, l'œuvre du siècle précédent fut considérablement augmentée, et en 1595 elle fut en partie refaite ; des additions et des changements y ont été exécutés à diverses reprises et à différentes époques, notamment aux dix-septième, dix-huitième et dix-neuvième siècles. Du monument du quinzième siècle, il ne reste plus que le clocher, l'abside et le chœur. Le transept et la nef sont de la reconstruction de 1795. La chapelle de la Vierge est de la première moitié du dix-septième siècle ; dans cette dernière, on remarque quatre petites verrières coloriées qui présentent un grand intérêt, en ce sens qu'elles témoignent de la décadence de la peinture sur verre au siècle dernier.

L'église Saint-Laurent est un édifice composé d'architectures diverses. Il est regrettable que des restaurations maladroites aient dénaturé et altéré son style primitif. Malgré cela, on voit encore une foule de détails dignes de fixer l'attention des connaisseurs, entre autres un saint Jean-Baptiste du quinzième siècle qui est dans un très-bon état de conservation, des femmes ailées, des chimères grotesques servant de gargouilles, et, par-dessus tout, la corniche historiée qui couronne la plus haute partie des murs.

Le dessin de l'autel principal a été fourni par Lepautre; la chapelle des fonts baptismaux est remarquable; dans le transept, les clefs de voûtes qui s'allongent en pendentifs ornés de personnages et de rinceaux sont terminées en pomme de pin. Dans l'origine, pour mieux faire valoir les détails des motifs, la couleur et l'or avaient été employés. Toute cette décoration fut ensevelie sous une épaisse couche de badigeon.

L'époque à laquelle l'église a été le plus mutilée

fut sous le règne de Louis XIV. L'architecture austère et sévère du quinzième siècle était délaissée et incomplète.

Gilles Guérin fit exécuter une ornementation non sans mérite, mais complétement inutile, et prétendit enjoliver les tympans du chœur au moyen de caissons palmés et de couronnes enlacées dans l'œuvre; l'abside reçut dans ses faces inférieures un corps d'architecture orné de pilastres, de frontons, de monogrammes, de feuillages et de trophées religieux.

J'ai parlé plus haut de la corniche, elle vaut une description : on voit courir et grimper au milieu de branchages feuillus une multitude de petits animaux qui n'ont, sans aucun doute, existé que dans l'imagination du sculpteur.

Des enfants coiffés d'un bonnet de fou font mille contorsions, ils tirent la langue. On remarque parmi ce fouillis un gamin agenouillé qui présente certaine partie de son corps à un vieux pédagogue qui tient un énorme martinet. Il y a encore des anges à queue de poisson, un bonhomme courant après une salamandre, etc., etc.

Le portail, remplacé en 1867, datait de 1622 ; il était divisé en deux étages par des colonnes doriques au premier et ioniques au second. Le fameux gril de saint Laurent était souvent représenté dans l'ornementation de la frise inférieure.

Cette façade avait également trois entrées, et, sur les vantaux de la porte médiane, des figures fouillées dans le bois représentaient saint Laurent, saint Jean-Baptiste et l'Annonciation.

En 1845, l'église était dans un état complet de délabrement, et fut restaurée ; les bas-côtés, qui menaçaient ruine, furent rétablis, et l'on construisit une grande chapelle dans le style ogival du quinzième siècle ; des verrières furent également exécutées sur les dessins de M. Galimard.

La paroisse de Saint-Laurent a, jusque sous le règne de Louis XV, donné son nom à tout le faubourg. Au nord de l'église était une foire célèbre qui balança la réputation de la foire Saint-Germain, jusqu'à l'époque où celle du boulevard du Temple les ruina toutes deux.

La foire Saint-Laurent était située entre les

rues des Faubourgs-Saint-Denis et Saint-Martin, près de la rue Saint-Laurent.

Cet espace a longtemps porté le nom de *faubourg de la Gloire*.

Louis le Gros avait accordé à la léproserie de Saint-Lazare le droit de foire; ce droit fut confirmé par Louis le Jeune.

Philippe Auguste, en 1211, acheta cette foire et la transféra aux Halles de Paris, dans le territoire des Champeaux. Ce roi, par l'acte d'acquisition, accorda à Saint-Lazare un jour de foire dans le local de Saint-Laurent; dans la suite, la durée de la foire reçut de l'extension : au lieu d'un jour, elle en eut huit et enfin quinze.

Les prêtres de la Mission, qui avaient succédé aux religieux possesseurs du privilége, obtinrent, au mois d'octobre 1661, des lettres patentes qui leur confirmèrent la possession exclusive de cette foire et tous les priviléges qui y étaient attachés.

Munis de cette autorisation, ces prêtres consacrèrent pour le champ de foire un emplacement de cinq arpents, entourés de murs, où ils firent construire des boutiques, loges et salles, et percer des murs bordés d'arbres. Cette foire durait trois mois, depuis le 1ᵉʳ juillet jusqu'au 30 septembre ; elle contenait de tout : marchands de joujoux, pâtissiers, limonadiers, théâtres de marionnettes, et surtout des filous. C'était le bon temps des saltimbanques, on ne discutait pas alors les médiums et la femme à barbe.

Malgré les agréments que les prêtres répandirent sur cette foire pour y attirer les marchands, et surtout pour y attirer des acheteurs, elle fut abandonnée et cessa d'être ouverte en 1775. Les prêtres ne se rebutèrent point, ils redoublèrent de soins pour attirer le public, ils étudièrent les *goûts licencieux* et cherchèrent à *les flatter*.

La foire de Saint-Laurent fut réouverte le 17 août 1778 : on revit avec plaisir ses rues larges, alignées, plantées d'arbres ; on y trouva des boutiques garnies de toute espèce de marchandises, des cafés, des salles de billard, des salles de spectacle et des traiteurs ; mais cela ne suffisait pas : les prêtres firent construire, sur les dessins de M. Manch, une espèce de Wauxhall qui contenait une redoute chinoise, des escarpolettes, une roue de fortune, des balançoires et toutes sortes de jeux connus et inconnus ; de plus, un salon chinois pour la danse et une grotte pour le café. Mais la curiosité la plus attrayante était la salle de spectacle du sieur de Lécluse, où se jouaient des pièces dans le genre *poissard*.

1789 fit cesser la foire, renvoya les prêtres à leurs autels et le peuple à l'école.

XI

L'HOTEL DE CARNAVALET

XI

L'HOTEL DE CARNAVALET

L'hôtel de Carnavalet devait être démoli, mais la ville, bien inspirée, l'acheta, et aujourd'hui il est converti en une bibliothèque et en un musée; la science sera deux fois satisfaite, le monument représentera le passé et les livres l'avenir.

L'hôtel de Carnavalet est situé rue Culture-Sainte-Catherine, n° 23; il eut pour premier propriétaire le sire des Ligneris, et fut construit par *Pierre Lescot*, abbé de Clagny; Jean Bullant, architecte français, l'aida dans cette construction.

Le président des Ligneris s'y installa en 1548, avant que les travaux fussent finis.

C'est en 1578 que cet hôtel prit le nom de Carnavalet ; il avait appartenu à peine trente-six ans à la famille des Ligneris.

La famille de Carnavalet ne conserva cet hôtel que pendant environ un siècle.

L'hôtel n'était point fini. Voici la description qu'en a laissée Sauval :

« Le portail de cet hôtel est le plus beau, le plus majestueux et cependant le plus simple de Paris ; il est orné de bossages rustiques, couronné d'un grand fronton contenu sur la largeur de la face par une corniche qui règne sur le reste des côtés de la façade ; et si la porte n'était un peu étroite, ce serait un ouvrage accompli.

Clagny en a fait le dessin et Jean Goujon les ornements, tant du dedans que du dehors de la porte ; c'est lui qui a taillé les deux anges qui servent de tenant aux armes de Carnavalet, qu'on voit au-dessus de l'entrée, dans le tympan du fronton ; c'est lui encore qui a gravé dans la clef de voûte ce masque et cette figure, armée d'une corne d'abondance, dont l'attitude est merveilleuse.

« La beauté des ornements et celle de l'architecture, même le portail, continue encore en dedans, et néanmoins ce dedans, tout beau qu'il soit, convient mal au dehors.

« La disposition des ornements et l'ordonnance de l'architecture n'est pas moins belle au dedans qu'au dehors. La figure qui est dans la clef de voûte est de la même main et de la même beauté. Les deux Renommées couchées sur la cime du fronton sont fort estimées pour leurs draperies et leur attitude.

« Les deux lions qui, de côté et d'autre, foulent aux pieds un amas confus d'épées, de tambours, lances et canons, sont d'une excellence admirable et donnent de la terreur.

« L'aile gauche de la cour est un portique relevé de cinq ou six marches plus que la cour. Il est bordé de grisailles fort belles, ornées de pilastres, et fermé de balustres, à hauteur d'appui. Chaque arcade porte sept à huit pieds d'ouverture. Enfin cette *maison* a été bâtie avec tant de soin et de dépense, que chaque trumeau, qui est accompagné de deux pilastres, et qui a 4 pieds de largeur sur près de 9 de hauteur, jusqu'à l'arrochement de la voûte, n'est que d'un seul quartier de pierre.

« Les balustres, qui portent autant de longueur que l'arcade d'ouverture, ne sont encore que d'un seul morceau de pierre ; il a fallu que le ciseau ait fait la saillie, les ornements et les moulures des pilastres, et qu'enfin il se soit ouvert un chemin jusque dans la pierre, et pour les balustres et pour les moulures, tant de la corniche supérieure que de l'inférieure.

« A chaque arcade, dans la clef de voûte, il y a un masque, tantôt d'une attitude horrible, tantôt agréable, mais toujours admirable, de quelque façon que ce soit, et le tout de la main de maître *Ponce*.

« Le corps de logis, du côté du jardin, est enduit d'un crépit si ferme et si dur qu'à peine s'est-il démenti depuis un siècle que le bâtiment subsiste, et les architectes avouent qu'il n'y en a point eu à Paris qui ait tant résisté à l'injure du temps.

« Le reste de l'architecture et de la sculpture part d'un dessin et d'une main toute différente.»

Nous avons dit que l'hôtel n'était point fini. Androuet du Cerceau, l'architecte du pont Neuf, fut appelé pour le terminer ; il n'ajouta que quelques ornements à l'œuvre de prédilection de Jean Goujon, parce qu'il fut forcé de fuir, comme la plupart des calvinistes.

Ce qu'il exécuta ou fit exécuter le fut sur les dessins que Jean Goujon avait laissés après sa mort.

Un autre artiste fut appelé, François Mansard. Il acheva l'hôtel en 1634, quatre-vingt-dix ans après la construction primitive.

Nous sommes loin de cette époque, si nous en prenons pour exemple la maison à cinq étages de la rue d'Artois, construite en six semaines. Mais si nous n'avons pas Jean Goujon, la vapeur le remplace.

Le plan de Jean Goujon était seulement de huit figures, les quatre Saisons et les quatre Éléments. Jean Goujon ne sculpta que les quatre Saisons, la Saint-Barthélemy arrêta son génie ; les quatre Éléments furent exécutés par un moine inconnu.

Van Obstal fit en bas-relief, dans les quatre trumeaux, quatre déesses, et sur la façade la Force et la Vigilance.

Cet hôtel était ce qu'il y avait de mieux à Paris : aussi n'est-il pas étonnant que Marie Rabutin de Chantal, marquise de Sévigné, en devint amoureuse.

Sa Correspondance en témoigne. Voici une lettre qu'elle écrivit à sa fille à ce sujet :

« Vichy, dimanche 17 septembre 1677.

« D'Hacqueville lanterne tant pour la *Carnavalette,* que je meurs de peur qu'il ne la laisse aller. Eh! bon Dieu, faut-il tant de façons pour six mois? Avons-nous mieux? Écrivez-lui, comme moi, qu'il ne se serve point, en cette occasion, de son profond jugement. »

Madame de Sévigné s'installa à l'hôtel de Carnavalet en octobre 1677.

Le salon habité par madame de Grignan et madame de Sévigné est encore intact. On a conservé la table de marbre sur laquelle elles déjeunaient dans le jardin.

Il reste aussi deux sycomores, les seuls qui aient

survécu. C'est à leur ombre que les visiteurs se reposaient, entre autres l'abbé Tétu, que madame de Sévigné avait surnommé *Tétu, tais-toi*, parce qu'il aimait beaucoup à parler. Bourdaloue y repassait ses sermons avant de les débiter aux Minimes.

Madame de Sévigné y mourut, à l'hôtel de Carnavalet, le 14 janvier 1696.

L'hôtel fut acheté par Paul-Estienne de Brunet de Rancy, fermier général.

Après la Révolution française, il devint la propriété de la famille de Pommereul; et quelques années plus tard, on y établit les bureaux de la direction de la librairie.

Napoléon y plaça l'École des ponts et chaussées, dirigée par M. de Pron.

En 1829, l'École fut transférée faubourg Saint-Germain, et une institution du collége Charlemagne vint la remplacer.

L'hôtel de Carnavalet est en grande réputation chez nos voisins d'outre-Manche, qui viennent le visiter en procession. Leur amour est poussé à un tel point, qu'un jour de vacances, le cabinet où madame de Sévigné écrivait ses lettres étant fermé, une lady monta, par une échelle placée à l'extérieur, jusqu'à la fenêtre, afin, disait-elle, de ne pas repartir sans avoir vu le sanctuaire.

Un vernis du Japon, que l'on suppose être contemporain de madame de Sévigné, a été souvent dépouillé de ses feuilles, qui ont servi à orner des albums.

XII

LE MARIEUR

XII

LE MARIEUR

Un office matrimonial établi à Paris adresse annuellement, à la plupart des hommes d'affaires de France, une circulaire dont le passage suivant mérite une reproduction textuelle :

J'ai la conviction, M..., que dans vos parages et dans vos relations, vous connaissez ou vous connaîtrez quelqu'un placé dans l'embarras de ne pouvoir contracter ou faire contracter mariage assorti, c'est-à-dire de son goût ou selon ses justes prétentions : aussi ai-je le plaisir de vous donner ci-après un aperçu des partis sérieux et actuels dont j'ai l'honneur d'être l'intermédiaire :

1° Un prince français, bien connu dans le monde par ses mœurs simples et irréprochables; physionomie agréable, trente-quatre ans, et de 800,000 francs à 1 million de fortune;

2º Un magistrat : trente-cinq ans, et 150,000 francs de fortune ;

3º Plusieurs médecins de vingt-cinq à trente-cinq ans, et de 30 à 60,000 francs;

4º Plusieurs négociants de vingt-cinq à quarante-cinq ans, et de 20 à 30,000 francs de fortune;

5º Quelques rentiers de quarante à cinquante ans, et de 30 à 100,000 francs de fortune.

Cette circulaire, curieuse à plus d'un titre, ne nous apprend rien de nouveau ; il y a longtemps que nous connaissons le nom du *marieur*, ce nom cher aux nubiles ; homme qui marierait volontiers la lune et le soleil. Il faudrait n'avoir jamais lu un journal de sa vie pour ignorer à quelle tentation ce grand prêtre de l'hyménée a exposé tous les célibataires.

Tous les jours on voit de vieilles filles et de vieux garçons se laisser prendre à l'appât des annonces et mettre leurs lunettes pour visiter les échantillons d'époux et d'épouses dont les magasins du marieur sont assortis.

Il a dans son établissement ce qu'on peut désirer de mieux! Blondes, brunes, riches, vertueuses, grandes, petites, grasses, maigres. Il tient toutes les couleurs, toutes les tailles, toutes les qualités. Pas de prix fixé : on peut discuter.

Ses nombreuses relations dans le monde assurent à ses *articles* une supériorité incontestable, son bazar est achalandé par la meilleure compagnie.

Le créateur de cette industrie a disparu (je crois qu'il est cardinal à Rome), mais il a des successeurs qui continuent à prêcher le *Croissez et multipliez*, de l'Évangile ; malheureusement, ils n'ont rien perfectionné, ce sont toujours les mêmes annonces : « *Mariage*. On désire marier une jeune fille ou dame, ayant 40,000 francs de rente, à une personne d'une profession honorable. On tient moins à la fortune qu'à la moralité. »

L'annonce varie ; on a le choix depuis mille francs de rente jusqu'à cinq cent mille, depuis quinze ans jusqu'à soixante-et-dix.

S'adresser avenue Montaigne. Affranchir.

A notre époque, la vue de l'or donne des éblouissements, produit le vertige : quoi d'étonnant que des gens raisonnables se laissent prendre à ces fallacieuses annonces ?

Un de ceux que la misère accable et aveugle fit un jour une réponse admirable à un de ces marieurs.

Affamé, perdu de dettes, il était venu là pour épouser une prétendue dot de trois mille francs de rente, dot bien modeste, bien vraisemblable, trois mille francs de rente seulement, mais en revanche la femme était vertueuse.

Après les explications préliminaires, le marieur ayant demandé, suivant l'usage, deux cents francs de frais de bureau, le prétendant désabusé haussa les épaules et répondit : « Est-ce que je me marierais si j'avais deux cents francs ! »

Célibataires, vous avez tout mangé à la Bourse, au jeu, en chevaux, en femmes : vous avez besoin d'une dot pour réparer votre porte-monnaie et d'une garde-malade pour soigner vos rhumatismes. Vous lisez un matin dans un journal, entre la douce *Revalescière* et *Maisons à vendre* l'annonce d'une femme à épouser, belle, jeune, spirituelle, modeste, douce et lestée de 50,000 francs de rente. S'adresser toujours avenue Montaigne.

Voilà votre affaire ! Vous écrivez à l'adresse ci-dessus, vous mettez : *Très-pressé* sur l'adresse. O homme naïf ! Deux jours après, vous voyez venir une réponse ; d'une main tremblante d'émotion vous décachetez la missive apportée par Cupidon travesti en facteur. Enfin le marieur répond à vos questions que : « de telles affaires ne peuvent être traitées par correspondance. Il vous prie de passer à son bureau pour prendre d'autres renseignements ; du reste, il vous assure qu'ayant écrit le premier, vous aurez la préférence. »

Grande joie ! Vous tenez déjà la dot ; le bureau à l'adresse indiquée est situé dans une fort belle maison, toutes les fenêtres donnent sur le devant ; un valet en livrée vous introduit dans un salon magnifique orné avec un goût exquis, dont toutes les portes ouvertes à deux battants laissent voir à droite et à gauche une enfilade de riches appartements.

Ici, tout est à l'amour ! des copies de Watteau ornent les murs ; la pendule est surmontée d'un berger et d'une bergère, une colombe voltige au-dessus d'eux ; sur le guéridon sont étalés des livres traitant spécialement de cette matière ; deux jolis enfants jouent sur le tapis. En attendant le marieur, vous pouvez à loisir prendre connaissance de la physiologie du mariage (rien de Balzac).

Un timbre retentit, bref, sonore ; le marieur paraît, il s'excuse que ses nombreuses affaires l'aient forcé de vous faire attendre.

Après cet exorde insinuatif, le marieur s'essuie les tempes et la bouche avec un mouchoir de fine batiste, brodé à son chiffre ; puis il sonne, et demande un bouillon qui lui est apporté dans une tasse de vermeil par le domestique introducteur.

Le marieur s'étonne de voir ce dernier employé à un autre service, il s'informe vivement où est Pierre, Joseph, François. Le domestique répond sans hésiter un seul instant que l'un est allé à la Banque pour monsieur, l'autre à l'Opéra chercher une loge, et enfin que le troisième est sorti pour l'affaire de madame de Casquanville.

Le moyen de n'être pas abasourdi, ébloui par des apparences aussi trompeuses, car ici tout n'est qu'apparence. Ce valet s'appelle Pierre, Joseph,

François, et fait tout; il est même le père des enfants du salon,

Ceci n'est que le prologue, voici la comédie :

Le marieur. — Monsieur, veuillez m'excuser et vous expliquer.

Ici M. de Jonc-Mouillé, le prétendant, décline ses noms et qualités.

— C'est moi qui ai eu l'honneur de vous écrire au sujet de l'annonce de tel journal. Quand pourrais-je être présenté à madame?

— Vous êtes sans profession?

— Sans doute.

— Elle est honorable, alors... Vos antécédents?...

— Vous vous en informerez.

Et la conversation continue ainsi, soutenue par le marieur, dans le but de connaître le degré d'intelligence de son interlocuteur et les précautions qu'il aura à prendre pour n'être pas trop compromis.

Moment de silence, ces messieurs s'observent.

Le marieur reprend avec un air de vérité :

— Allons tout de suite au fait!; si la chose

s'arrange, je ne vous prendrai que cinq pour cent sur la dot....

— C'est bien !

— Payables lorsque vous l'aurez reçue...

— Admirable !

Il serait d'un malappris sans exemple de refuser une aussi minime commission, réclamée aussi courtoisement par l'homme qui vous procure la fortune.

L'affaire est donc conclue ; mais, avant d'aller plus loin, le marieur demande ses frais de bureau pour courses, renseignements, etc., etc.

Les frais de bureau varient selon que le prétendant est plus ou moins crédule, et la dot plus ou moins grosse. Le marieur demande quatre cents francs et ajoute : « Avec cent francs de plus, vous serez abonné à toutes les femmes qui viendront dans mon établissement, ce qui vous donnera le droit de leur être présenté pendant six mois. »

Franchement, pour résister à une offre aussi séduisante, il faudrait ne pas avoir cent francs dans sa poche : M. de Jonc-Mouillé verse cinq cents francs.

En échange de son argent, il reçoit un reçu sur papier timbré, énonçant les conditions de l'engagement.

Il verse de plus dix francs pour frais d'enregistrement.

M. de Jonc-Mouillé attend avec une ardeur juvénile le doux moment de la première entrevue. Il fait épiler les quelques cheveux blancs qui émaillent sa chevelure. Il commande un habit élégant chez le faiseur à la mode.

Enfin, le marieur le présente.

La dame est escortée de sa tante : coup d'œil, attendrissement, soupirs révélateurs, petits pieds sortant d'une jupe indiscrète, serrement furtif de mains, rien ne manque. Ces dames s'en vont, M. de Jonc-Mouillé s'élance pour les rejoindre, le marieur le retient.

Pourquoi ?

Parce que ces dames ne quittent pas la maison, et il faut que la dupe l'ignore.

Toutes deux sont louées à raison de cent sous par jour, nourries et habillées ; elles trouvent au vestiaire toutes les toilettes nécessaires à leur transformation, car elles sont brunes, blondes, au goût du client. Cela a un grand avantage : si la dupe se plaint, comme ce n'est pas la même femme, l'autorité peut être embarrassée.

Chaque fois que la nièce et la tante doivent venir pour un *abonné*, le valet agite la sonnette d'un coup de balai, le marieur annonce que ces dames sont arrivées.

Il vous insinue doucement qu'il serait utile de leur faire accepter à déjeuner, qu'à table on cause plus librement ; il vous fait entendre qu'après déjeuner vous aurez l'honneur de les reconduire chez elles, bref il vous demande soixante francs : pour quatre personnes, c'est pour rien, mais comme il a le vin chez lui, il ne compte pas avec les amis.

A déjeuner, la table est chargée de grosses pièces froides et solides, un fort rôti, une dinde splendide.

Ces dames refusent toujours quand on leur offre le moindre morceau, elles prient surtout qu'on ne découpe pas les grosses pièces ; cela pour deux raisons : la première, c'est qu'une femme qui mange peu est un prodige ; la seconde, que les mets du matin sont, comme les femmes, resservis le soir aux autres *abonnés.*

Sous un prétexte ou sous un autre, ces dames quittent la table avant la fin du repas : elles se trouvent indisposées ou se rappellent un rendez-vous chez leur banquier.

Le marieur conte doucement à M. de Jonc-Mouillé qu'il faut qu'il envoie à son pays pour avoir des renseignements complets. Il prend jour avec lui ; le jour arrivé, la dame et sa tante se trouvent là par *hasard.* Devant elles, il appelle un commis, à qui Jonc-Mouillé donne les indications nécessaires.

Il faut verser les frais de voyage et dix jours d'absence à vingt francs l'un, plus quatre-vingts francs de chemin de fer, vous hésitez.... La tante, le plus naturellement du monde, déclare qu'elle entre de moitié dans les frais, et, pour vous donner l'exemple, elle tire sa bourse, une bourse élégante en filet de soie, et elle paye la première. Pour faire votre cour, vous trouvez la bourse admirable ; c'est la nièce qui l'a faite. La tante vous l'offre, vous acceptez; et comme il faut battre le fer tandis qu'il est chaud, le commis part de suite ; vous versez donc cent quarante francs.

Pendant les dix jours que dure l'information, vous retournez à l'agence : ces dames n'y sont pas, mais, en attendant, le marieur vous rappelle la bourse. Vous ne voulez pas être en reste et vous offrez un brillant de deux cent cinquante francs, qui servira, monté en épingle, au marieur et éblouira une autre dupe.

Le commis est tombé malade là-bas, sa maladie dure quatre jours, vous reversez quatre-vingts francs.

Il est bien entendu que le commis n'a pas quitté Paris.

Bref, vous vous impatientez, vous criez ; mais le marieur prend aussitôt un air désolé et vous annonce, la mort dans l'âme, que vous êtes bien heureux que sa vigilance vous ait sauvé du malheur qui vous menaçait, qu'il a appris que le père de la jeune fille avait été guillotiné pour crime d'assassinat. Vous fuyez, heureux d'en être quitte à si bon marché.

Vous avez versé mille trente francs, le tour est joué : place à un autre.

Les marieurs sont exposés à toute sorte de demandes plus saugrenues les unes que les autres. Témoin l'histoire suivante :

Il y a quelques années, les promeneurs du boulevard des Italiens remarquaient et admiraient un tout jeune homme, aux allures franches, aux manières extrêmement distinguées, blond, des yeux bleus largement fendus, expressifs, d'une charmante tournure, vêtu à la dernière mode, la devançant même, le jonc flexible à la main, un monocle dans l'œil ; un joli garçon enfin, la fleur des pois des dandys de l'époque.

Il ne parlait presque jamais à personne ; son silence glacial irritait ses voisins de table, au restaurant, au jeu, au café ; mais cela lui importait peu, il avait l'air de vivre pour lui et il vivait ainsi en effet.

Il était le dernier rejeton d'une ancienne famille du Poitou qui, au moyen âge, possédait château fort, hommes d'armes, varlets, etc., etc.

Hâtons-nous de dire que, malgré son air séduisant, il ne ressemblait en rien à ses ancêtres; il résumait, sous l'aspect d'un chérubin, tous les vices des dix générations qui l'avaient précédé dans la vie, et il n'avait aucune de leurs qualités.

Il avait, comme tant d'autres, quitté sa province et habitait, rue de la Chaussée-d'Antin, un magnifique appartement dont la chambre à coucher eût fait les délices d'une petite-maîtresse.

Ce n'était partout qu'or et soie, ivoire et bronze, chêne antique, velours, tapis des Gobelins. L'Orient et l'Occident lui avaient fourni leurs plus rares merveilles, et, phénomène plus grand, ce luxe princier était payé avec *deux mille francs de rente;* il n'avait pas de dettes, et avait dix mille francs de loyer.

Comment faisait-il?

Quelle fée ou quel génie étaient venus à son aide?

Quel était son talisman?

Reportons-nous une année en arrière et nous alons connaître l'énigme de cette existence.

Par une belle soirée de printemps, à cette heure qui n'est ni le jour ni la nuit, un jeune homme frappait discrètement à la porte d'une maison de la rue Montaigne (maison que nous avons décrite précédemment).

La porte roula sur ses gonds mystérieusement, sans bruit, et le jeune homme entra. Pierre, Joseph, François, vêtu d'une livrée sombre, se tenait dans la loge; il conduisit le jeune homme au salon et le pria d'attendre quelques instants. L'attente ne fut pas longue, un monsieur entra : c'était le marieur; il demanda au jeune homme les motifs qui lui valaient l'honneur de sa visite, et aussitôt la conversation suivante s'engagea entre eux :

— Monsieur, dit le jeune homme, je me nomme le comte de C..., je suis originaire du Poitou ; je ne possède que deux mille francs de rente. Cette modique somme, comme bien vous le pensez, est insuffisante pour satisfaire mes goûts et mes besoins. Je suis habitué au luxe, en un mot à toutes les jouissances de la vie.

Il me faut de l'argent à tout prix...

— Diable! fit le marieur.

— Oui, à tout prix; je ne veux pas me mettre marchand, l'*honneur* de mon nom s'y oppose, et pourtant je ne veux pas me marier...

— Ah! pardon, fit le marieur, ma profession consiste à marier les gens, bien ou mal, mais non à leur fournir de l'argent, et, je vous l'avoue, d'après votre déclaration, je ne vois pas comment je puis vous servir.

— C'est pourtant bien simple, fit le comte, et je suis très-étonné qu'un homme de votre intelligence n'ait pas compris ma pensée. Je vais m'expliquer.

Vous savez que beaucoup de dames détestent la solitude, et que, pour parer à cet inconvénient, elles prennent de pauvres femmes qu'on nomme dames de compagnie.

Eh bien, pourquoi n'auraient-elles pas des hommes qui rempliraient le même emploi? Ce serait plus logique.

— Oui, mais les préjugés du monde, les comptez-vous pour rien?

— Je ne vois pas en quoi le monde pourrait trouver étonnant qu'une femme dont on connaît la faiblesse se mît sous la protection d'un homme qui l'accompagnerait aux eaux, à l'Opéra, aux concerts, au bois. Je suis élégant cavalier, je lui offrirai *même* mon bras; et, comme appointements, deux mille francs par mois me suffiraient.

— Je vous avoue, monsieur le comte, que voilà une étrange proposition ; mais je suis habitué à faire ou du moins à tenter l'impossible; je vais m'occuper de votre affaire; vous avez le physique de l'emploi, nous essayerons. C'est dit. Seulement, il y a une petite formalité à remplir, il faut me verser cinq cents francs d'avance pour mes frais de bureau.

— Cinq cents francs ! mais vous n'y pensez pas?

— Au contraire, la preuve que j'y pense, c'est que je vous les demande, et d'ailleurs c'est la règle. Si vous ne versez pas, rien de fait ; réfléchissez, il n'y a que moi qui puisse vous faire réussir dans la spécialité que vous adoptez.

Le comte versa la somme et prit rendez-vous avec le marieur pour le samedi suivant, à l'Opéra,

Comique, loge 23, où ce dernier devait lui montrer la dame.

Le marieur, qui avait plus d'une corde à son arc, prit d'abord l'argent du comte, sans savoir comment il se tirerait de ce pas ; mais comme il en avait franchi bien d'autres, et de plus difficiles, sans tomber ni même trébucher, il pensa qu'il ferait de même cette fois.

Il alla d'abord à l'Opéra-Comique, il loua la loge 23, et revint s'enfermer chez lui pour réfléchir à son aise. Il avait réfléchi deux heures, il s'était cassé la tête en vain et il n'avait rien trouvé, lorsque son domestique vint lui annoncer que la propriétaire de *monsieur* venait toucher son terme.

La propriétaire avait vu descendre le *client* et elle savait par expérience qu'aucun oiseau ne venait sur sa terre sans y laisser quelques-unes de ses plumes.

Le marieur fit entrer la propriétaire ; puis, prenant son air le plus gracieux, il la fit asseoir sur son fauteuil le plus moelleux, et la paya. Tout à coup, illuminé par une idée diabolique, il lui offrit une place dans sa loge, loge 23.

La propriétaire, madame du Tesson, était une femme courte sur jambes, grosse comme un tonneau, bourgeonnée comme un vieux ceps, la face rouge et brillante comme si elle avait été vernie. Son estomac opulent retombait sur sa ceinture et lui donnait l'aspect d'un sac lié par le milieu ; elle avait un âge plus que certain, et, malheureusement pour elle, l'*art d'accommoder les restes* n'avait pas été inventé ; seulement, comme circonstance atténuante, elle jouissait d'un revenu de cinquante mille francs et d'une bonne réputation. Elle était veuve, feu son mari avait fait fortune dans la ferraille : c'est assez dire que l'Auvergne l'avait vu naître.

Madame du Tesson avait accepté l'invitation du marieur avec reconnaissance, car elle était avare.

Le samedi, jour fixé avec le comte, arriva : le marieur, qui faisait bien les choses, acheta des gants pour lui et un bouquet pour madame ; il prit une voiture de remise et la conduisit à l'Opéra-Comique.

Madame du Tesson était étourdissante : elle avait une robe de soie couleur café au lait qui datait au moins de 1830 ; elle s'était littéralement sanglée, la sueur lui ruisselait sur le visage ; pour compléter sa toilette, elle avait des gants de coton trop longs et des bagues par-dessus. Pour se donner une *contenance*, elle respirait le parfum de son bouquet, ce qui la faisait rougir de telle façon que le médecin de service se tenait aux aguets, redoutant une apoplexie.

Le comte fut exact, il avait loué un fauteuil de balcon devant la loge 23 ; le marieur l'aperçut et le salua de la main, de façon à le faire remarquer de madame du Tesson sans trop savoir pourquoi. Le comte répondit gracieusement au salut du marieur ; puis, profitant d'un entr'acte, il vint causer avec les hôtes de la loge. Il recula bien un peu, en voyant de près la grotesque femme, mais il se rappela que ses aïeux avaient fait les croisades.

Le comte de C... avait des connaissances variées : il fut petillant d'esprit ; il parla littérature, la dame lui répondit ferrures ; il parla musique et elle boutique ; il vanta nos grands peintres, elle les trouvait trop cher et pas assez consciencieux sur le collage du papier; à cela près, ils s'entendirent presque ; lui trouva, avec un aplomb merveilleux, réponse à tout.

L'entr'acte finit : il était temps ; le comte alla se rasseoir à sa place et ne reparut dans la loge de toute la soirée.

Madame du Tesson avait regardé le comte très-attentivement, et, le trouvant joli garçon, demanda distraitement au marieur qui était ce jeune homme? Celui-ci lui répondit laconiquement :

Le comte de C...

La représentation finie, le marieur reconduisit madame du Tesson ; le comte les suivit, et revint le lendemain. Il questionna adroitement le valet et apprit que madame du Tesson était la propriétaire; il prétexta le besoin de louer un appartement, revint plusieurs fois pour le visiter, mais il ne loua rien, ce qui ne l'empêcha pas de revenir souvent!

. . . .

Voilà pourquoi M. le comte de C... dépensait, au début de ce récit, 25,000 francs, n'en ayant que 2,000 de revenu.

Ce qu'il y a de plus curieux, c'est que le marieur ne sut jamais la fin de l'histoire et qu'il ne se douta nullement qu'il avait réussi sans le savoir.

Madame du Tesson mourut subitement d'une attaque d'apoplexie, au moment où on s'y attendait le moins. Le comte était présent : il fit main basse sur tout ce qu'il put trouver et disparut comme la chenille quitte la feuille lorsqu'elle l'a rongée.

La somme qu'il emporta ne dura pas longtemps. Au bout de quelques mois il quitta son appartement de la Chaussée-d'Antin ; il n'avait pas eu la chance de se *replacer*.

Il déserta le boulevard des Italiens pour la galerie d'Orléans et le passage Jouffroy, où il se promenait souvent le soir; mais, en changeant de quartier, il avait changé de toilette.

Il était coiffé d'une calotte grecque, il avait du rouge aux joues (pas celui de la honte, il n'en avait plus); il portait ses longs cheveux blonds bouclés, une cravate à la colin était nouée négligemment autour de son cou et retenait un large col rabattu; une redingote bleue lui serrait la taille, et, pour

compléter le costume, un pantalon collant gris
de perle et des escarpins vernis.

. . . .

Il ne fit pas fortune, car dernièrement un corbillard, celui des pauvres, sortait de l'hôpital Lariboisière et le conduisait à la fosse commune, sa dernière demeure.

Pas un ami ne lui faisait cortége.

C'était justice !

XIII

LE JOUR DE NOEL

XIII

LE JOUR DE NOEL

Comme à Paris il y a très-peu de Parisiens, la fête de Noël ne présente pas un caractère particulier. Chacun la célèbre à sa façon : au faubourg Saint-Germain comme en 1600, au quartier latin comme en 1866, et dans les faubourgs comme on peut. Mais tout le monde s'accorde sur un point : boire, manger, veiller.

Deux jours à l'avance, les charcutiers préparent pour le réveillon des kilomètres de boudins et des pyramides de saucisses, c'est une Saint-Barthélemy des pauvres compagnons de saint Antoine. Ils sont si appétissants, si engageants, que saint

Antoine cette fois ne résisterait pas à la tentation.

A Londres, chacun économise à l'avance. A Paris, ce n'est pas la même chose : la prévoyance n'est pas la vertu dominante de la majeure partie de la population ; on vit au jour le jour, et quand parmi ces jours il se trouve une nuit, dame !... il y a de la gêne.

L'autorité parisienne se relâche de sa sévérité : le jour de Noël, tout débitant peut rester et reste ouvert.

Les cabarets sont pleins, depuis la Maison-Dorée jusqu'à l'*Assommoir ;* les uns se grisent de champagne et les autres avec du *tord-boyau,* mais le résultat est identique : devant l'indigestion de truffes ou l'indigestion de boudin, tous les Français sont égaux.

Tandis que les femmes sont à l'église et les hommes au cabaret, les enfants, qui ont mis leurs souliers ou leurs savates dans la cheminée, rêvent que l'enfant Jésus leur apporte un jouet ou une friandise ; là encore pour les uns joie et bonheur, et, pour les autres déceptions et pleurs ; l'un est furieux si le jouet ne vient pas de chez le marchand à la mode, et l'autre se console avec un morceau de pain et quelques sous de grossières dragées. Ce qui est jeûne pour les uns est bombance pour les autres. Ainsi va la vie !

C'est la nuit de Noël que recommence à apparaître le marchand d'oranges. Il amoncelle sur sa petite voiture à bras des quantités prodigieuses d'oranges à la peau dorée et fine, dont la réjouissante odeur donne à toutes les bouches le sourire et l'envie d'en manger. A travers la nuit, il glapit d'une voix enrouée : *Ma belle valence ! mon beau portugal ! deux et trois sous la pièce !* Sous les portes cochères, au coin des passages, des oranges, partout des oranges ; les petites lanternes garnies de papier rouge qui les éclairent donnent aux vendeurs une teinte étrange.

Paris est illuminé par des flots vacillants de lumières, qui valent les feux magiques produits par les *lucioli* des forêts du Brésil.

La blouse, dans la rue, coudoie l'habit ; la robe de soie froisse la robe de laine. Des masques se rendant au bal hurlent et barrent le chemin, des sergents de ville s'épuisent à crier le fameux : *Circulons, messieurs!* les cochers tempêtent et jurent, les mendiants écorchent les oreilles des passants en leur demandant l'aumône, et les passants leur donnent en leur demandant grâce; un ivrogne se querelle avec sa femme, à laquelle il cherche à persuader que s'il est gris ce n'est pas sa faute, que c'est la bouteille *qu'a* commencé. Le jour arrive : les habitants de Paris voient lever l'aurore, mais ne sont pas plus vertueux pour cela. Chacun va se coucher, et Noël fait le bonheur du chiffonnier, car ces jours-là il fait une bonne moisson. Virgile trouvait des paillettes dans le fumier d'Ennius, le chiffonnier ingénieux ramasse l'écorce d'orange qui servira à faire la bergamote, l'écaille d'huître qui sert à fabriquer nos boutons de nacre, en un mot il vit de ce que les autres jettent.

A Paris, on célèbre la messe de minuit ; on engage pour cette solennité des chanteurs d'Opéra. L'église est chauffée par des calorifères souterrains ; mais naturellement la distraction remplace la piété : le *Noël* d'Adolphe Adam a remplacé le bon vieux Noël, si simple, si naïf, que nous l'appelons un pont-neuf.

Je ne déplore pas le bon vieux temps, mais ces vieux airs n'étaient-ils pas gais aussi bien que solennels ? Que pouvons-nous faire de plus attendrissant au point de vue humain pour célébrer la naissance d'un enfant dans une masure abandonnée ? La musique moderne est de trop, elle ne s'allie pas à la voix des bergers, et l'air d'opéra-comique, joué par un brillant et savant orchestre, cadre mal avec la représentation d'un enfant couché sur la paille :

> Hôtelier, par charité,
> Fais-moi l'hospitalité
> Et sois ému de pitié.

. . . . . .

Dans le midi de la France, pour célébrer la fête de Noël, chacun, chez soi, se donne la représentation d'une petite crèche ; elle précède le souper et prépare à entendre dévotement la prière.

Pour garnir ces crèches, à Marseille, par exemple, la foire des *saintons* commence vers le 15 décembre, elle se tient sur le cours Belzunce et sur les allées Meilhan.

On nomme *saintons* des petits saints en cire, en

plâtre ou en bois. L'intérieur de ces petits saints est creux ; le vide est rempli par une réduction en cire des personnages qui se sont illustrés dans l'année, généraux, prélats, littérateurs, acteurs, inventeurs. On y voit, côte à côte, couchés fraternellement sur un lit de paille, le pape et Garibaldi, François II et Victor-Emmanuel, Mazzini et Montalembert, Bismark et Benedek, Victorien Sardou dans une jolie *maison neuve*, Louis Veuillot et Albert Wolf, Millaud et Villemessant, Mirès et Pereire, etc., etc.

Il y a principalement des crèches publiques : ce sont de petits spectacles, comme nos marionnettes : au lieu d'Arlequin, Pierrot et consorts, ce sont des saints comme dans les mystères du moyen âge.

Une particularité à noter, le *truchmann*, l'homme qui fait mouvoir les personnages, se contente pour un saint de parler en patois, et à la Vierge il fait l'honneur du français, honneur qui n'est pas mince quand on songe à l'orgueil du Marseillais pour son affreux patois.

A Rome, capitale du monde catholique, la fête

de Noël revêt un caractère exclusivement religieux : aucune fête solennelle, aucune autre pompe que celle d'une simple crèche dans laquelle repose l'Enfant divin, en cire, et non plus vivant comme au moyen âge.

Ce jour-là, le pape lui-même s'efface humblement devant la majesté du petit Enfant-Dieu, et, par une pieuse et singulière extension, les enfants sont rois le jour de Noël dans toutes les églises de Rome.

Que dis-je, rois? Ils sont orateurs, et rien n'est plus tendrement émouvant que les sermons improvisés dans l'antique église d'*Ara Cœli*, au Capitole, par ces Bossuets et ces Massillons de dix ans prêchant au bord de la crèche.

Un de nos amis, qui a habité Rome pendant plusieurs années, nous disait que rien ne l'avait plus ému de toutes les pompes catholiques, à Rome, que le spectacle de cette prédication enfantine, dont l'éloquence naïve atteint parfois de sublimes hauteurs.

Dans la nuit de Noël, il se fait dans la ville éternelle un échange universel de galettes de maïs, bénites à la paroisse. Plus la galette est grande, plus elle témoigne de la considération pour la personne à qui on l'envoie.

Le prince Borghèse reçut, un jour de Noël, une galette de six mètres de diamètre, blasonnée à ses armes, et de laquelle il envoya un énorme morceau à vingt-quatre pauvres.

Le Noël qu'on chante à la chapelle Sixtine est ordinairement celui de Palestrina.

Noël, en Espagne, se dit *buena noche* ou *bonne nuit* ; c'est une des nuits les plus bruyantes de nos voisins transpyrénéens. Personne ne se couche : les tambours de basque, les castagnettes, les guitares, les grosses caisses, les tambours ordinaires et les *pabos* luttent à qui fera le plus de tapage. On chante, on crie, on hurle, on s'embrasse, c'est un vacarme à ne savoir où se cacher, ni comment se boucher les oreilles.

Les *pabos* sont des instruments fabriqués pour la circonstance, instruments sauvages et primitifs ; c'est tout simplement un bâton passant à travers un parchemin tendu, qui produit un grincement semblable au gloussement du dindon. Cela est si vrai, qu'on a donné à cet oiseau le nom du *pabo*.

La nuit de Noël, il est d'usage, pour certaines classes de la société espagnole, d'échanger des cadeaux en nature, des cadeaux qui peuvent servir aux réveillons ou aux soupers.

La dinde étant la pièce fondamentale de ce repas, ceux qui ont beaucoup d'amis reçoivent nécessairement beaucoup de dindes. Il y a des gens qui en ont des troupeaux complets.

Comme il serait difficile de les manger toutes à la fois, on les enferme dans une chambre pour les faire engraisser, et, du haut en bas, les maisons se transforment en un immense poulailler.

En Espagne, pays catholique par excellence, la messe de *minuit* a le pas sur la nourriture. Les églises sont resplendissantes de lumières ; les orgues chantent à l'envi la naissance de l'enfant Jésus, les pauvres ont une large part à cette fête : tout le monde donne et beaucoup reçoivent. Ici il y a un progrès, l'ivresse et l'orgie ne dominent pas. *Buena noche*, c'est la fête des pauvres.

Chaque habitant, dans son intérieur, fait une petite crèche et convie les enfants à cette représentation. Les enfants sont heureux, ils croient à la réalité de ce papier doré ; le *bambino* en cire leur fait illusion ; ils frémissent et promettent d'être sages l'année suivante, en voyant le vieil ermite avec sa barbe inculte, agenouillé au fond de la grotte obscure ; ils trépignent de joie à la vue de l'âne chargé de bois, passant sur un superbe pont de fer en papier ; ils frissonnent en contemplant le givre, si bien imité, sur les sapins verts, au moyen de rognures de zinc. Les mages sont agenouillés, adorant le Roi des rois ; les enfants adorent le tout, et les bonbons par-dessus le marché.

Pendant ce temps, les cloches sonnent minuit, c'est l'heure à laquelle l'Église consacre ses prières aux âmes du purgatoire. A cette heure, tous les catholiques s'unissent dans une seule et même pensée ; cette immense clameur est un appel à l'humanité de tous les peuples.

Il y aurait de quoi remplir un volume sur le *Christmas day*, nom de la fête de Noël en Angleterre ; elle équivaut à notre premier jour de l'an.

C'est le jour du *renouveau* et des étrennes. Les protestants, en célébrant la Noël le 25 décembre, sont plus près que nous de la vérité.

Nous avons renvoyé cette fête de régénération au 1ᵉʳ janvier ; ils seraient donc de six jours plus rapprochés que nous de la vraie journée, qui est le 25 décembre, c'est-à-dire l'époque du solstice d'hiver ou du retour du soleil. C'est une fête astronomique qui nous a été transmise par la plus haute antiquité, que les païens ont célébrée avant nous, et que nos descendants célébreront de la même façon : festons, feuillages, réjouissances, saturnales, présents, visites, etc., etc.

Les Anglais ont perfectionné le tout. Ce peuple fête la naissance du Christ avec plus de graisse et de viande que les paysans de Rome n'en offraient au dévorant Saturne ; il honore le Dieu le plus sobre, celui qui a jeûné quarante jours, avec de la chair, de la bière et du plumpudding. Ce jour-là, il ne mange guère de pain, il communie avec le rosbif ; les marchands ferment leurs boutiques, mais en revanche ils ouvrent leurs buffets ; ils s'enferment pour n'être pas dérangés dans le plus pieux et le plus saint exercice qu'ils connaissent, celui de faire passer le bœuf à l'état d'homme.

Toute l'année, les Anglais mettent à la caisse d'épargne pour fêter le *Christmas;* les ouvriers engagent leurs habits, leurs outils, pour *Christmas;* pour *Christmas,* on se met à table la veille au soir et on ne la quitte que le surlendemain matin.

Trente-six heures à boire et à manger !

La veille, tout Londres est illuminé pendant toute la nuit ; les magasins sont tout lumières: des ruisseaux, des torrents de lard, des débauches, des orgies de viandes de boucherie, des avalanches, des déluges de volailles et de charcuteries, des pâtisseries énormes ; des bœufs dépouillés tout entiers, placés sur des tréteaux, avec des becs de gaz dans le mufle ; des moutons apoplectiques à force d'être gros ; des cochons qui n'ont plus forme animale, nourris au lait pur par le duc de X..., comme l'indiquent les étiquettes collées sur leurs flancs ; des poulets gros comme des dindes, des lapins pesant vingt-cinq livres, avec des bouffettes de rubans dans les intestins ; des saucissons pendus à des arbres de Noël, avec des cocardes, des rosettes, des drapeaux mêlés à des oranges, des citrons et des raisins de Corinthe : en un mot le triomphe, l'apothéose de la goinfrerie, en l'honneur de Jésus-Christ.

Le gin, le rhum remplacent le sang dans leurs veines tout ce temps-là. Ils boivent, certes, démesurément, mais ils mangent beaucoup plus ; ils croiraient pécher, se damner, s'ils ne s'indisgestionnaient pas au *Christmas*, et s'ils meurent de trop de plumpudding, ils croient, comme les Turcs qui tombent sur le champ de bataille, aller tout droit en paradis.

En 1866, un *music-hall* de Londres, situé près de Gray'Inn, pour remercier ses nombreux habitués, imagina de donner pour Noël un concert monstre. Il annonça que pour cette solènnité le prix des places ne serait pas augmenté, et qu'en outre, il donnerait en prime une pipe, une oie, un morceau de bœuf, une dinde et tous les ingrédients nécessaires à la confection de trois plumpuddings.

Conditions : morceau de bœuf et plumpudding

pour un billet de balcon ; — une dinde et un plumpudding pour une stalle ; — une oie et un plumpudding pour un fauteuil.

Voilà le *Christmas day* au matériel, voyons-le maintenant au spirituel.

Les Anglais quittent la table et vont au théâtre, c'est le règne de la pantomime, presque toujours un conte de fées. *Barbe-bleue*, *Petit Poucet*, etc., se transforment en Arlequin, Colombine, Pierrot, Cassandre ; alors force coups de pied, soufflets et gambades, chute et changement à vue et à perte de vue, des bons ou mauvais mots sur les événements politiques et littéraires, les excentricités de l'année, une sorte de féerie-revue-arlequinade. Cela n'est ni amusant ni gai, la prose *mimée* est, comme le plumpudding, lourde et pâteuse. En résumé, les marchands et les médecins bénéficient seuls de la fête religieuse, qui, au lieu de se nommer Noël, pourrait aussi bien se nommer la fête de la *Gastralgie*.

La Noël en Flandre tient du *Christmas day* et de la *Buena noche*, du premier par la gourmandise et du second par le fanatisme.

Michel Scot, dans son *Banquet*, la définit ainsi :

Quand dînent un Germain, un Anglais, un Flamand,
Qui mange et boit le mieux de ces trois bons apôtres ?
L'Allemand est ivrogne et l'Anglais est gourmand ;
Le Flamand mange et boit à l'envi des deux autres.

La Noël, en Amérique, est caractérisée par le dialogue suivant :

Deux Américains se rencontrent, leur premier souhait se résume ainsi :

— Combien fait le dollar ?

— Cinq francs vingt ! Et le coton, trente-cinq cents la livre anglaise.

— En voulez-vous cinq cents balles ?

— Merci ! J'ai mille gallons de pétrole brut, à vingt cents le gallon.

— Je les prends.

C'est la Noël des affaires.

Décidément, les habitants de tous les pays ont une singulière façon de fêter la naissance du Christ, de celui qui a dit à l'esclave : « Lève-toi, tu es l'égal de ton maître, et si tu es plus vertueux, tu es son supérieur. »

XIV

LE JOUR DE L'AN

XIV

LE JOUR DE L'AN

Le 31 décembre, on commence à répéter sur tous les tons : Une année de plus ! Avant l'âge de vingt ans, on demande à vieillir : l'homme voudrait savoir comment il franchira le Rubicon de la conscription; il redoute, avec raison, cette loterie où il joue sept années de travail, de bonheur et de bien-être, contre sept années d'isolement, d'inertie et de servitude, sans compter les hasards de la guerre.

Les jeunes filles, à cet âge, demandent aussi à vieillir. Quel mari auront-elles? Grave question ! Là aussi c'est une conscription, une loterie où le gros lot (un mari modèle) ne se gagne pas souvent.

A trente ans, une année de plus nous apporte les soucis, le front se plisse, la ride arrive, elle prend le train express; l'avenir apparaît, et chaque année qui s'écoule emporte une illusion.

A quarante ans, ah! dame, à quarante ans, le jour de l'an est une douleur. On se fait moraliste, on déplore l'année qui vient de finir, elle avait toutes les qualités; celle qui vient en aura-t-elle autant?

Evidemment non! Une année de plus dispose à la tristesse.

Quoi qu'il en soit, le temps accomplit son évolution sans s'occuper de nos vœux ni de nos désirs, et chaque année qui passe nous apprend que nous venons de franchir une des bornes qui s'élèvent entre nous et la tombe.

Raconter l'origine des étrennes, c'est comme si l'on donnait pour du nouveau la découverte de l'Amérique ou l'invention de la poudre; mais, comme beaucoup de gens ont l'*Habitude* pour déesse, nous pouvons consacrer quelques lignes à cette origine.

Le roi Tatius ayant reçu comme un bon augure

des branches coupées dans un bois consacré à la déesse Strena, branches qu'on lui présenta le premier jour de janvier comme un signe de paix et de concorde entre les Romains et les Sabins ; cet usage subsista depuis, et tous les Romains se firent de semblables présents en se *souhaitant une heureuse année.* Ces présents prirent le nom de *strenæ*, en souvenir de la déesse *Strena* ; ils consistaient en dattes, figues, etc., etc. ; on y ajoutait un *stips*, petite pièce de monnaie, comme présage de richesse.

Sous Auguste, tous les Romains allaient offrir des étrennes à leur *imperator*, qui leur rendait une somme égale et même supérieure à la valeur de leurs présents.

Avec son humeur triste et sauvage, Tibère détestait les réceptions populaires et surtout les échanges d'étrennes avec les citoyens ; il prit d'abord le parti de ne plus rien rendre en échange de ce qu'on lui offrait, et finit par s'absenter de Rome à l'époque des calendes.

Tibère ne croyait pas du tout que les petits cadeaux entretinssent l'amitié.

A partir du règne de Claude, le peuple romain cessa de présenter des étrennes à ses empereurs ; mais la coutume d'offrir des présents le premier jour de l'année n'en subsista pas moins.

Les Grecs empruntèrent aux Romains l'usage des étrennes.

Du paganisme cet usage passa aux chrétiens, malgré l'opposition des Pères de l'Eglise et des conciles, qui le décrièrent, sous prétexte que c'était un abus, mais, en réalité, parce que ce jour rapprochait les hommes. Pourtant, par la suite, l'Eglise permit aux citoyens de s'embrasser, et l'usage d'offrir de la verveine, de certaines branches d'arbre, de chanter et de danser dans les rues disparut complétement.

A dater de cette heureuse époque, l'espèce humaine a fait sans scrupule et sans remords, au renouvellement de l'année, une effrayante consommation de présents, de bouquets et de baisers de toutes sortes et de toutes qualités.

Au moyen âge, *la fête des fous* commençait le 1ᵉʳ janvier et durait six jours. Elle se célébrait à Notre-Dame. Ce jour-là, le clergé allait en procession chez l'évêque des fous, le conduisait solennellement à l'église, où son entrée était annoncée par un grand tintamarre de cloches.

Les ecclésiastiques y figuraient sous divers costumes, quelques-uns étaient couverts d'habits de baladins et de vêtements de femmes. Ils avaient tous le visage barbouillé de suie ; ils buvaient, mangeaient de la soupe et du boudin ; ils faisaient brûler dans un encensoir de vieux souliers, dont le prêtre était forcé de respirer l'odeur désagréable.

Cette *fête* se terminait par des sauts, des danses lascives, des luttes, des cris et des chansons obscènes. Après la cérémonie, tous les assistants se répandaient dans les rues. La plupart, montés sur des tombereaux chargés de boue et d'ordures, s'amusaient à en jeter sur le peuple qui les suivait. C'est par un édit de Charles IX, daté de 1563, que l'ouverture de l'année fut fixée chez nous au 1er janvier ; auparavant, l'année commençait à Pâques.

En 1704, un édit voulut supprimer les étrennes. La force de l'habitude, aussi vieille que le monde, fit que précisément on passa outre, et l'usage des étrennes ne fit que croître et embellir à tel point, que le 2 janvier on peut mettre un crêpe à son porte-monnaie avec cette inscription : *Fermé pour cause de réparations.*

La mode des étrennes a pénétré jusque sur les points les plus reculés du globe : cela se conçoit, chacun donne dans l'espoir de recevoir davantage.

Les seuls individus véritablement heureux le 1ᵉʳ janvier sont les fabricants de jouets, les confiseurs, les concierges, etc.

Les fabricants de jouets, six mois à l'avance, torturent leurs cerveaux pour ressusciter ou inventer un jouet qu'ils ont la barbarie de nommer : *l'amusement des enfants, la tranquillité des parents.* Etrange abus de mots ! ils appellent ainsi ces jouets parce qu'ils ennuient tout le monde.

Chaque année, les jouets varient de formes et de couleurs ; le traditionnel pantin a complétement disparu.

Le pantin prit naissance vers la fin du règne de Louis XV. Les Français s'en occupèrent exclusivement. On voyait dans les rues, dans les salons, non-seulement des hommes avancés en âge, mais encore de graves magistrats, porter dans leurs poches ou tenir d'une main la représentation en carton d'une figure humaine, et tirer de l'autre main un fil qui faisait mouvoir les membres de cette figure.

L'origine du vrai joujou est tudesque, il fut inventé par les Allemands, et transformé par nous en un véritable objet d'art. Nous avons distancé Nuremberg et la forêt Noire ; la poupée allemande est à la poupée française ce que le caillou est au diamant. La fabrication du joujou a pris des proportions incroyables, il y en a de toutes sortes et de toutes les couleurs, pour tous les goûts et pour toutes les bourses.

La poupée qui a la vogue actuellement, c'est la poupée historique : elle est coûteuse, et plus d'une porte sur elle de quoi entretenir une pauvre famille pendant toute une année. A la vue de ces merveilles on croit rêver, l'esprit redescend involontairement aux siècles passés. Nous sommes loin de la modeste poupée de carton habillée d'un chiffon de percale, poupée qui fit longtemps le bonheur de nos grand-mères.

Les grands jouets sont réservés aux grands magasins; les bibelots, *l'article de Paris*, se vendent sur nos boulevards, dans des baraques en planches, par une foule de gens qui ne sont marchands que par occasion, et qui, une fois les fêtes passées, retournent à leurs travaux.

Combien de misère cache le sourire d'une de ces pauvres marchandes, assises grelottantes devant une misérable boutique qu'avec vingt francs on achèterait tout entière!

Si les gros marchands patentés savaient que, pour ces pauvres gens, cette vente est une question de pain, ils n'eussent pas tant déposé de pétitions pour empêcher ce commerce ; car beaucoup de ces petits industriels engagent tous leurs effets au mont-de-piété pour payer ce qu'ils vendent : les maisons de commission ne font pas crédit, elles ne veulent pas être exposées à perdre, ce qui arriverait infailliblement, car ce pauvre commerce a peu de bénéfices et, en outre, il est soumis aux intempéries de la saison, aux caprices de la mode, à l'abondance du numéraire. Qu'un gros commerçant perde cent francs, cela ne le gênera pas ; qu'un petit perde cent sous, il est ruiné.

Les baraques qui s'étendent en longue file sur nos boulevards, de la Bastille à la Madeleine, datent de 1789. Lorsqu'en 1793 on supprima les étrennes comme « inutiles », elles disparurent pendant quelque temps.

Elles renaquirent en 1797, puis furent supprimées sous le premier Empire.

En 1815, la Restauration les autorisa de nouveau ; elles existèrent jusqu'en 1829. De 1836 à 1852, il ne fut plus question de baraques. Depuis 1852, elles se développent en paix chaque année aux places où nous les voyons aujourd'hui.

J'ai fait une remarque singulière : ces baraques, qui ont tant ému le gros commerce, servent précisément à sa prospérité ; leurs parois sont couvertes d'affiches multicolores annonçant que, chez un tel, on trouve des objets d'art, des bonbons, de la papeterie de luxe, etc., etc.

Le 1er janvier, il est d'usage de s'adresser

réciproquement de petits morceaux de carton plus ou moins glacé, comme marque de sympathie ou de politesse ; combien nous sommes loin des Chinois, qui nous ont fourni cette invention ! Ainsi, les habitants du Céleste-Empire se servent d'une feuille de papier au milieu de laquelle sont inscrits leurs noms, prénoms et qualités. Cette feuille augmente ou diminue de grandeur, suivant l'importance et le rang de la personne à laquelle on l'adresse, et encore selon le respect qu'on professe pour elle ; de même, la couleur varie suivant les circonstances.

J'ai vu une carte de visite ayant appartenu à un haut personnage chinois : c'est un rouleau de papier d'un beau bleu, et assez grand pour tapisser un appartement.

Le 1er janvier, Paris est envahi par une foule de mendiants de toutes sortes. Les Italiens s'annexent nos boulevards en criant : Vive Garibaldi ! On se demande en vain d'où peuvent sortir tous ces individus, où ils vont pendant trois cent soixante-cinq jours... Sont-ils comme les marmottes : dorment-ils toujours ? On le croirait presque, mais cela est ainsi depuis longtemps, c'est une vieille tradition.

Ils vont par les rues, par groupes de trois ou quatre : c'est toujours l'*orphelin* du moyen âge; on voit aussi des *rifodés* accompagnés de leurs prétendues femmes et enfants ; les *malingreux*, comme les nommait Sauval, emploient toujours les mêmes *trucs* pour exciter la charité publique. Ils n'auraient pas besoin de ces pratiques au 1er janvier; chacun maugrée contre l'*absurde* usage, mais, au fond du cœur, on est heureux, soit qu'une main amie presse la vôtre, soit qu'un sourire d'une femme vous ait dit : « A l'année prochaine ! » ou bien encore, les bébés vous ont récité un compliment; de leurs petites lèvres roses et mutines, ils on dit : « Papa et maman, je vous souhaite une bonne année. »

Moi aussi, à ceux qui liront cette petite étude, je souhaite une heureuse année, et je fais des vœux pour que la charrue à aiguille remplace le fusil du même nom, et qu'au lieu de sang dans les sillons, il y ait du blé : le fusil, c'est le passé; le champ de blé, c'est la vie, c'est l'avenir.

XV

LE CAROTTIER

XV

LE CAROTTIER

Voilà une grave affaire; où s'arrêtent les limites d'un langage? Qui oserait lui dire : Tu n'iras pas plus loin.

Quoi! nous sommes les inventeurs du *chantage*, de l'*agriculture en chambre*, de l'*ange gardien*, providence des ivrognes, du *vernisseur de pattes de dindon*, du *retourneur d'invalides*, et nous nous contenterions d'un dialecte borné? Non pas! des découvertes inconnues réclament des termes nouveaux pour les qualifier.

Dire que ces termes sont compris de tous, ce serait hardi; ils ne sont pas généraux, le plus souvent ils sont localisés; mais, malgré cela, les types restent, quels que soient les noms dont on les affuble, et d'ailleurs, pour ceux qui ne comprendraient pas, nous avons des professeurs de langue verte, voire même des dictionnaires. Or donc, pour désigner une certaine classe d'hommes, on a adopté l'expression de *carottier*.

Il est bien entendu qu'il ne s'agit pas d'un jardinier, cultivant cette racine longue et filandreuse que les ménagères glissent dans le pot-au-feu sous le prétexte de donner du goût au bouillon, et que les gardes-malades recommandent à leurs clients comme un spécifique certain contre la chute des cheveux et la jaunisse.

D'où vient le mot *carotter*? qui en est l'inventeur? Je l'ignore complétement; mais il a un parfum assez prononcé de huitième chambre.

Carotter est une façon polie de ne pas dire *voler*.

Tout homme est trompeur, disait un prophète hébreu, il y a une vingtaine de siècles; cela n'a fait depuis ce temps que croître, embellir et multiplier. La fourberie est à l'ordre du jour : cet axiome est presque érigé en loi. La fourberie fait et aide à parvenir dans les diverses carrières; elle est la clef qui ouvre la porte de la fortune, de la gloire, de la richesse et des honneurs. Qu'est-ce que le fourbe? Une variété du *carottier*.

Que fait le commerçant, par exemple, lorsqu'il achète de mauvais produits qu'il vend pour bons, et lorsqu'il en achète de bons qu'il soutient mauvais, afin de les payer meilleur marché? Il carotte la confiance de tout le monde.

Et en amour donc, c'est là où le *carottier* a beau jeu : s'il est père, il vante les qualités absentes de sa fille, afin de duper son gendre futur; il étale une fortune qu'il n'a pas, il loue *sa* voiture au mois, *son* linge, *ses* cristaux, etc. Il ne loue pas son honneur, par une raison bien simple, c'est qu'il n'en a pas.

Quant au gendre, il rentre ses griffes, il fait patte de velours avec la demoiselle; il subit la mère, s'ennuie avec le beau-père, promène les sœurs partout où elles veulent; il renie sa famille, ses amis; tout cela pour *carotter* une dot.

Qu'engendre cet état de choses? Une foule d'industries, exercées par une foule de gens qui s'ingénient à vivre le mieux qu'ils peuvent aux dépens des ignorants, des vaniteux et des faibles. Il faut mettre en première ligne le *carottier*, qui appartient à toutes les classes de la société ; c'est le caméléon fait homme, c'est un trait d'union entre l'honnête homme et le voleur. Aux yeux de beaucoup de gens, il n'est ni l'un ni l'autre.

Tour à tour spadassin ou poltron, sacristain ou vieille garde, homme du monde ou mendiant, médecin ou fossoyeur : c'est la *trichine* sociale. A l'inverse de la carotte végétale, il ne produit pas de fruits, il les mange. Il a pour idole le hasard, il compte sur le *bonheur*, il l'aide toujours.

Par son audace, il forme une franc-maçonnerie redoutable, et la société qui le tolère paye l'amende de sa négligence.

Vauquelin a dit quelque part, que la culture modifiait la carotte (racine); il avait raison : plus le sol où elle est plantée est riche, plus elle se développe. Cela peut également s'appliquer au *carottier*, s'il prend racine chez une riche dupe, il sera gros et fleuri, vêtu d'elbeuf, etc. La carotte (racine) a besoin d'une main étrangère pour être arrachée; le *carottier* s'arrache seul quand il a usé le terrain.

Le *carottier* est du reste un homme très-fort, car s'il moissonne souvent, aux yeux de la loi il conserve toujours l'apparence d'un glaneur, et la loi permet de glaner.

Faut-il conclure que ceux qui profitent sont les intelligents de l'époque ? On serait tenté de répondre oui, en présence du résultat auquel ils arrivent.

XVI

LE CHARLATAN

XVI

LE CHARLATAN

Nous allons débuter par le médecin, vulgairement connu sous le nom de charlatan, être qui en fait d'art ne possède qu'une science, celle de *carotter*. On devrait forcer tous ses pareils à faire graver sur leurs écussons une carotte sur champ d'argent.

Quand un homme que sa position place sur un piédestal en descend volontairement, tant pis pour lui s'il est confondu dans la foule et si l'opinion publique l'éclabousse en passant; il n'a pas le droit de se plaindre ; il n'avait qu'à rester où il était.

Barnum, le roi du puff, disait : « Si je n'avais que cinq francs, j'achèterais vingt-cinq centimes de marchandises, et je ferais pour quatre francs soixante et quinze centimes d'annonces. » Barnum avait raison, l'annonce est une puissance; aussi tous les murs de la France rayonnent d'affiches. On y remarque, entre autres, de chaleureux appels à la jeunesse, formulés dans un style pompeux que le malade peut traduire ainsi : Moi seul ai du talent, mes confrères sont des ânes!

Bref, vous souffrez d'un mal inconnu, de la consomption, par exemple; vos médecins habituels sont impuissants à combattre le mal qui vous ronge, ils ont l'humanité de vous cacher votre position. Que faites-vous? Vous les traitez de crétins, et vite vous courez à la quatrième page d'un journal : « Un tel, médecin, membre de l'académie de Bagnolet, guérit tout....... On traite à forfait; payement en trois fois, etc., etc. »

Vous vous précipitez chez votre futur sauveur. A sa porte une longue file de voitures obstrue la rue, et les cochers occupent royalement le trottoir, c'est-à-dire qu'ils ont pris toute la place, et qu'avant qu'ils se dérangent, vous devez nécessairement entendre un lambeau de leur conversation, qui est invariablement celle-ci :

— C'est mon désespoir! chaque fois qu'un client me donne l'adresse de ce médecin, il faut rester un temps infini à se morfondre dans la rue.

— Ça, c'est vrai, répond un autre cocher; je suis resté hier quatre heures à sa porte. Il se tuera cet homme-là, s'il continue, ah! c'est bien sûr.

Etc., etc.

Il ne mourra pas, braves gens, car ces voitures sont louées, et les cochers sont des figurants à trois francs l'heure!

Enfin les cochers se dérangent et vous passez; vous entrez dans une fort belle maison, vous montez un magnifique escalier ciré, couvert d'un splendide tapis; vous pressez timidement et en tremblant un bouton de nacre dissimulé dans la porte, et aussitôt un laquais en grande livrée vous introduit dans l'antichambre. Il vous donne un numéro d'ordre, comme dans les bureaux d'omnibus; là vous êtes entouré d'une foule de personnes qui vantent à l'envi les talents du célèbre, du grand du généreux, de l'incomparable Moutardinius (c'est le nom du praticien). Vous attendez longtemps; impatienté, vous allez vers le valet et vous lui glissez discrètement dans la main une pièce de monnaie pour passer avant votre tour ; quelques minutes après, le valet vous introduit dans un magnifique cabinet. Le médecin n'y est pas, cela se comprend : quand vous aurez examiné à loisir les richesses qui vous environnent, il fera son entrée solennelle, car vous serez *préparé*.

Dans ce cabinet, les murs sont garnis d'ouvrages reliés magnifiquement, les titres en sont très-apparents, ils sont gravés en lettres d'or; des instruments polis et effrayants, tout l'arsenal de Chárrière, sont étalés sur un guéridon. N'ayez pas peur, ces instruments ne lui ont jamais fait mal aux mains, il opère avec sa langue.

Sur un second guéridon, un plateau chargé de pièces de vingt francs sert de poteau indicateur pour vous avertir du chemin que vous avez à prendre.

Vous êtes de plus en plus préparé; le valet

entre brusquement et annonce : M. Moutardinus.

Pourquoi, contre tous les usages, le médecin ne vous a-t-il pas reçu? Parce que d'abord il a été empocher l'argent que vous avez donné au valet, et qu'ensuite les compères qui vous ont fait causer dans l'antichambre lui ont fourni des renseignements sur votre maladie.

Enfin Moutardinus entre, vous vous levez; d'un signe de la main il vous prie de vous rasseoir, ce que vous faites, car vous en avez grand besoin.

Moutardinus est un homme grand, son vaste crâne est orné d'une superbe chevelure noire, il a une longue barbe de même couleur artistement peignée; inutile de dire qu'il porte au cou la cravate blanche de rigueur.

Il passe la main dans ses cheveux, les rejette en arrière par un mouvement plein de grâce, s'accoude sur le guéridon qui supporte le plateau et joue distraitement avec l'or qu'il fait tomber en cascade; au bruit de cette douce musique, il ouvre enfin la bouche et vous abasourdi du coup par un déluge de mots médicaux, auxquels vous ne comprenez rien, mais que pour cette raison vous croyez très-savant. Bref, sans coup férir, il vous indique les traitements que vous avez suivis et vous déclare que vous avez eu tort de ne pas venir de suite à lui ; cette période de son discours est subitement interrompue par un valet qui entre sur la pointe du pied, timidement, comme un homme qui va être grondé.

— Que veux-tu encore? dit Moutardinus.

— Pardon, monsieur, répond le valet, c'est le domestique du prince de Painrogné qui insiste. Son maître est à la dernière extrémité.

— C'est insupportable ! je t'ai déjà défendu de me déranger, quand ce serait pour le Grand Turc. Enfin, dis-lui que j'irai.

Moutardinus reprend son discours au point où il l'a laissé, et finalement il vous donne une longue ordonnance : végétaux, minéraux, sirops, pilules, tout le Codex y a passé. Dans la joie de votre cœur (vous vous voyez déjà guéri), vous tirez délicatement deux louis de votre porte-monnaie, vous les glissez discrètement sur le fameux plateau, et vous partez rapidement chez le pharmacien, où va se jouer le second acte de cette comédie.

Vous retraversez l'antichambre, elle est toujours pleine. Les clients qui sont là sont comme les cochers loués à l'heure, mais seulement on les paye moins cher.

Au bout de quelques jours, votre état ne change pas ; vous vous apercevez que vous avez payé deux louis une consultation que votre portière vous eût donnée pour rien.

Vous recourez à la quatrième page d'un journal et cette fois vous êtes certain d'être sauvé, car vous allez trouver un homœopathe qui met en tête de ses annonces :

Similia similibus curantur.

Vous ne savez pas ce que cela veut dire, mais ça ne fait rien.

Vous courez chez le docteur Crackson (un nom américain) ; celui-ci est plus *bonhomme*, il tranche moins du grand seigneur ; il n'a pas, comme son confrère, la ressource des compères ni des pharmaciens, il joue plus serré.

L'antichambre n'est meublée que de chaises de paille : c'est triste et froid ; mais dans le cabinet de consultation, c'est autre chose ; une quantité de petites bouteilles sont étalées dans des écrins de velours rouge, ces petites fioles contiennent des globules, car ici c'est le contraire de l'allopathie, on procède par l'infiniment petit. En effet, chacun de ces globules contient une millième partie de grain d'un médicament quelconque, cette millième partie est broyée avec quatre-vingt-dix-neuf millièmes de sucre, de lait, tout cela est mêlé ensemble et divisé ensuite, ce qui fait que chaque globule ne contient qu'un millionième de médicament.

C'est encore, au dire de l'homœopathe, une dose épouvantable ; mais comme vous êtes gravement malade, il faut agir vigoureusement, il faut qu'il vous sauve.

M. Crackson vous fait asseoir et vous déclare qu'avant de vous soigner, il faut qu'il détruise les drogues que ses confrères vous ont fait prendre.

Avec ce système, vous êtes plus longtemps sans vous apercevoir que vous n'êtes pas soulagé, mais enfin vous dépensez beaucoup et votre état ne change pas.

Si vous ne comprenez pas bien ce genre de médication, M. Crackson vous explique le mécanisme de son art. « Supposons, vous dit-il, que vous soyez empoisonné avec de la digitaline, vous prenez plusieurs globules de digitaline. »

Merveilleuse théorie, ce grand arcane n'a été découvert que dans ces derniers temps.

Pour un malade léthargique, de l'opium ; pour un fiévreux, de l'absinthe ; pour un pléthorique, des dîners succulents ; pour l'asthénie, une saignée à blanc.

Voilà le secret... Du reste, même prix.

Vous vous enfuyez d'aussi mauvaise humeur que Faust au milieu des sorcières de Blacksberg ; et au coin d'une rue ou d'un boulevard, un *monsieur* vous glisse dans la main un carré de papier rose.

Voici ce qu'on y lit :

PASSEPASSE, magnétiseur.
Visible de 2 à 4 heures, rue Vide-Gousset.

En désespoir de cause, vous allez chez Passepasse. Il ne compte pas ses morts celui-là, et s'il va à un enterrement, les gamins ne peuvent pas dire qu'il reporte son ouvrage; il est d'ailleurs le souverain de tous les êtres dont il domine la force volitive et puis il est persécuté, et pour un guérisseur, c'est un excellent prospectus.

Si M. Passepasse ne vous guérit pas, il vous donnera au moins, pour votre argent, un curieux spectacle et une petite brochure dans laquelle il est parlé du magnétisme comme d'une science positive, des cinquante-quatre aromates différents de Paracelse, de Mesmer et de son baquet, de Maxwell, de Van Helmont, etc., etc.

M. Passepasse vous représente l'univers entier comme plongé dans un vaste océan de fluide qui en pénètre toutes les parties, et y produit tous les phénomènes que nous remarquons autour de nous; etc., etc.

M. Passepasse vous donne le droit d'assister à ses séances. Si par désœuvrement ou par curiosité vous y allez, vous rirez bien.

Un salon fané, garni de fauteuils fanés occupés par des figures impossibles, toute la sottise humaine rassemblée, le musée Campana des croyants.

Au milieu du salon, une femme assise, les yeux bandés, qui répond à toutes les questions qu'on lui adresse. Elle ne sait pas un mot de français, cela ne fait rien, elle lit avec son ventre.

Ne riez pas là-dedans, on vous tuerait.

Pour varier les plaisirs, on apporte un trépied en acier poli qui supporte l'alphabet sympathique pour converser avec des personnes absentes.

Voilà le sublime, le merveilleux; le télégraphe électrique est distancé de vingt siècles, et par un moyen si simple, qu'il est à la portée de tout le monde. Pour s'en priver il ne faudrait pas avoir cinq sous dans sa poche pour acheter un couteau.

Voici comment on procède :

Vous enlevez des bras de deux individus un petit lambeau de chair, de forme égale ; le morceau enlevé à l'un est placé à l'autre. Une fois cicatrisé vous tracez en rond les caractères de l'alphabet, et vous partez en Chine : celui qui est resté à Paris touche avec le couteau les différentes lettres, et le Chinois en est instruit par un sentiment de douleur et de piqûre à l'endroit désigné, et *vice versa.*

Bref, les prêtres du temple de Sérapis sont dépassés de cent coudées.

Avec tout ça, vous n'êtes pas guéri. Heureusement qu'il vous reste le zouave Jacob.

XVII

LE CHINEUR

XVII

LE CHINEUR

—

Le *chinage* est taillé sur le modèle du vol à l'américaine, il doit son origine au trafic interlope des reconnaissances du Mont-de-Piété.

Les complices jouent une scène à quatre personnages, scène qui, par des procédés toujours semblables, mène à un dénoûment toujours heureux.

Il y a en, premier lieu, le *vendeur*.

En second lieu, l'*estimateur* ;

En troisième lieu, l'*acheteur* ;

En quatrième lieu, la *dupe* ;

Le vendeur se promène dans Paris, sur les

quais, les boulevards, dans les jardins publics, mais il se tient de préférence sur les nouveaux boulevards où les ouvriers lorrains et limousins abondent.

Le vendeur doit avoir un coup d'œil très-juste, une perspicacité de Peau-Rouge, car il faut qu'il examine avec soin les passants qui circulent autour de lui.

Généralement, il en choisit un dont la physionomie respire la... bonne foi, surtout l'avarice.

Le langage du vendeur est invariablement le même : « Je suis au moment de retourner dans mon pays, trouvez-moi une personne qui m'achète une reconnaissance du mont-de-piété que j'ai là ; ou bien avancez-moi vous-même la somme dont j'ai besoin ; je vous donnerai un bénéfice » (une sorte de droit de commission de 10, 15 ou 20 francs, suivant l'importance de l'objet engagé).

Le passant naturellement hésite, alors un inconnu arrive là *par hasard :* cet inconnu, c'est l'estimateur. Il entend la conversation, il trouve que l'affaire est bonne, et il cherche à dissiper les scrupules du passant. Ici, l'estimateur déploie un talent qui lui est propre, celui de parler plus ou moins couramment les différents patois de la France. S'il s'aperçoit que le passant n'est pas Parisien, il entame avec lui une conversation en patois; du coup le passant est ébranlé : il sait bien qu'il faut se méfier de la payse, il saura plus tard qu'il faut aussi se méfier du pays. Enfin il est hésitant ; mais les *chineurs* ne sont point encore sûrs de l'avoir enveloppé dans des rets assez solides. Afin que la dupe ne puisse s'échapper, un troisième acteur intervient, c'est le vendeur.

La dupe, l'estimateur et le vendeur se rendent ensemble à un bureau du mont-de-piété, et là se rencontre un quatrième personnage, l'acheteur.

L'acheteur déclare que le bureau est fermé, mais que lui fait le commerce des reconnaissances, et par conséquent il se propose comme *acheteur*, c'est pourquoi je l'appelle ainsi.

Il est impossible d'exercer ce commerce en plein vent, mais dans le voisinage il y a un marchand de vin qui a un cabinet particulier, où l'on pourra traiter cette importante affaire.

Les voilà tous quatre dans ce cabinet particulier, assis près d'une table, le verre en main : là, il s'établit un débat toujours animé et presque violent entre le vendeur, qui le premier a abordé la dupe, et l'acheteur qu'il a rencontré le dernier.

L'acheteur fait des propositions, le vendeur les repousse ; l'un et l'autre s'obstinent, l'un dans ses offres, l'autre dans ses prétentions.

Il est complétement impossible qu'entre des gens si animés, il y ait jamais accord. Aussi l'acheteur se retire-t-il, paraissant furieux d'avoir perdu son temps.

Il y a eu pendant cette scène deux personnages muets, deux simples témoins : ce sont l'estimateur et la dupe.

Lorsque l'acheteur a disparu, l'estimateur ranime la discussion. Il ne s'est point mêlé de la discussion première, il est donc impartial et sa parole est entièrement digne de foi.

— Voyons, dit-il au vendeur, vos prétentions sont exorbitantes ; mais les offres de l'acheteur sont ridicules. Prenons un moyen terme. Cet inconnu est un honnête homme, ne lui enviez pas un bénéfice dont vous-même pouvez profiter.

La pauvre dupe, qui a vu la reconnaissance si vivement disputée, est bien convaincue que tant de bruit ne se serait point soulevé autour d'un objet sans valeur : elle accepte les prétentions du vendeur, conclut l'affaire, et court au mont-de-piété. Là la dupe trouve, au lieu d'une montre et d'une chaîne de 300 francs, une montre valant 70 francs ; elle a versé 140 francs, perte nette 70 francs.

Pas besoin de fonds pour être *chineur* !

XVIII

LE CHANTEUR

XVIII

LE CHANTEUR

———

Qu'est-ce qu'un *chanteur?* Le dictionnaire répond : « Vol au *chantage.* » Alors qu'est-ce que le *chantage?*

A cette seconde question, le dictionnaire est plus explicite, il répond : « Manœuvres de certains voleurs pour forcer une personne à payer leur silence sur des faits qui intéressent l'honneur. »

Or donc, il est convenu que le *chanteur* n'a rien de commun avec un monsieur quelconque qui donne des notes plus ou moins aiguës et que le spectateur paye à grand orchestre.

Le chanteur appartient à toutes les classes de

la société : il est renté, titré, roule équipage, si le sort ou le hasard le favorise. Autrement, il végète misérablement et traîne ses guenilles dans la boue, leur élément commun.

Il y a, pour le *chanteur*, différentes manières de *travailler*.

Nous allons les passer en revue :

Ce n'est pas d'aujourd'hui, que le chantage a été inventé ; on le pratiquait volontiers au siècle dernier.

En voici un exemple pris en Angleterre :

Le prince régent, qui a laissé à Londres une réputation bien établie de dissipateur, de joueur, de coureur d'aventures, se trouvait un soir en partie fine avec son compagnon, le brillant et célèbre duc de Buckingham, dans Hay-Market.

Quand il fallut payer la dépense qu'il avait faite, le régent s'aperçut qu'il avait oublié sa bourse ; il voulut emprunter celle de son compagnon ; mais malheureusement Buckingham, de son côté, avait tellement joué, que la sienne était entièrement dégarnie.

En pareille circonstance, que faire ?

Une chose bien simple. Le régent tira de son doigt un superbe diamant, que Buckingham alla engager pour vingt livres sterling chez un prêteur du voisinage.

Comme le diamant était parfaitement connu, le juif vit tout de suite à qui il avait affaire.

Aussi, dès le lendemain, une immense enseigne s'étalait à la porte du prêteur, avec ces mots :

FOURNISSEUR ORDINAIRE DU PRINCE RÉGENT.

Ce brevet, unique en son genre, et qu'à tout prix il fallut supprimer, fut une des plus ruineuses folies du prince.

Elle lui coûta près de cinquante mille livres.

Voici un dialogue entre un *chanteur* et un juge anglais, qui nous éclaire suffisamment sur cette profession :

— Je suis *horse chaunter*, Votre Honneur.

— *Horse chaunter*, qu'est-ce que cela?

— Comment! Votre Honneur, vous ne connaissez pas ce commerce?

— Expliquez-vous.

— Eh bien, Votre Honneur, Dieu me damne! voici ce que c'est.

Je rôde tout le jour dans les *livery stables* (écuries de chevaux à vendre ou à louer, et pensions pour les chevaux). Je suis connu là comme le loup blanc. Lorsque je vois un gentleman qui arrive pour marchander une bête, je me lève et je me promène autour comme si j'étais étranger, et je regarde le cheval, et je me dis comme à moi-même à haute voix :

« Voilà une belle bête, Dieu me damne! un superbe animal! Il m'a la plus belle tête et la plus belle encolure que j'aie jamais vues, Dieu me damne! dis-je en caressant le cheval ; regardez-moi seulement, dis-je, Dieu me damne! ces naseaux ouverts, il a du souffle comme une locomotive... Il fait ses cent milles par jour aussi facilement que j'avalerais une pinte de bière, Dieu me damne et vous aussi!... Et les jambes! dis-je, en voilà une paire dont je serais fière, Dieu nous damne tous!... »

Vous comprenez, Votre Honneur, ce discours frappe notre gentleman qui se dit, s'il n'est pas bête:

« Voilà un honnête paysan, un juge excellent en la matière. »

Aussi notre homme, se fiant à moi, achète l'animal sur-le-champ. Alors, Votre Honneur, je vais trouver le propriétaire du *livery stable* et je lui dis comme ça, en clignant de l'œil :

« Ce n'est pas tout, Dieu me damne ! est-ce que vous n'allez pas me graisser la patte pour mon *chaunting* ? »

Et il me donne un souverain.

« Voilà ce que c'est que le *horse chaunting*, Votre Honneur ; et je veux être damné, et vous aussi, si je ne dis pas la vérité !

Que pouvait le juge à cela ?

Rien !

Ceux-là sont les adroits ; s'ils n'ont pas étudié le Code, ils en ont du moins une vague intuition.

Il est une autre catégorie de *chanteurs* à laquelle il ne faut toucher que légèrement, car ceux-ci sont odieux.

Ce n'est pas exclusivement à la crédulité de leurs dupes qu'ils s'adressent, ils exploitent non-seulement les gens infâmes qui partagent leurs goûts, mais les hommes paisibles qu'ils intimident, en les menaçant de les attaquer dans leur honneur.

Leurs procédés sont connus : ils épient le moment où quelque bourgeois s'arrête pour obéir à un besoin, se jettent sur lui à l'improviste, l'accusent de faits ignobles, et se donnent en même temps comme agents de police, lui disent qu'ils sont contraints de procéder à son arrestation. Au bout de quelques instants cependant, ils jouent la pitié, ont l'air de s'attendrir en promettant d'oublier leur devoir si la dupe veut leur donner une certaine somme.

Presque toujours, la victime de ces manœuvres cède lâchement, et vide sa bourse dans les mains des fripons. Si le bourgeois n'a rien sur lui, les faux agents lui font donner son adresse, vont chez lui le lendemain chercher la somme promise, et renouvellent souvent leurs visites intéressées.

Comment des hommes innocents ont-ils assez peu de cœur pour céder à de telles menaces?

On a peine à le comprendre.

Il faut que la crainte du scandale soit bien forte ; mais les gens assez faibles pour se laisser intimider à ce point devraient se dire qu'ils s'exposent bien plus encore en cédant qu'en résistant; car une fois de tels maîtres entrés chez eux, c'est leur vie troublée, leur fortune compromise, leur réputation perdue.

Les dupes devraient comprendre qu'elles ne risquent rien en relevant la tête et en livrant à la justice les *chanteurs* qui ont osé s'adresser à elles.

L'affaire déférée le 22 novembre 1866 au tribunal correctionnel, sixième chambre, révèle de nouveau la manière d'opérer de ces hommes, manière toujours la même et qui ne manque jamais de réussir auprès de jeunes gens inexpérimentés et de vieillards pusillanimes.

Quatre prévenus sont traduits devant le tribunal sous la prévention d'escroqueries : Auguste-Delphin Coquart, ancien gendarme, renvoyé du corps; Pierre Pourra, Nicolas Vogt et Jean Vignier, ces trois derniers sans profession avouée. Coquart est absent, défaut est donné contre lui.

Le premier témoin entendu est M. Edmond, vingt-deux ans, professeur de langues; il dépose :

« Le 12 juillet dernier, vers minuit, au moment

où je m'éloignais de l'urinoir près du Cirque des Champs-Elysées, j'ai été accosté par trois hommes, parmi lesquels se trouvait l'inculpé Coquart. Ils me dirent que je venais de commettre des actes obscènes dans l'urinoir, inculpation contre laquelle je protestai et proteste encore énergiquement. Ils me dirent que leur devoir était de m'arrêter, qu'ils étaient agents de police, mais en ajoutant qu'ils me laisseraient en liberté si je consentais à leur donner la somme de 30 francs. Je n'avais sur moi que 5 francs, je remis cette somme, avec le porte-monnaie qui la contenait, à l'un des trois individus. Je leur ai, en outre, promis de leur payer le lendemain 25 francs à mon domicile, que je leur ai indiqué.

« Le lendemain, vers quatre heures de l'après-midi, Coquart, accompagné d'un autre individu que je ne connaissais pas, s'est présenté à la pension où je suis professeur. Je suis allé à eux, et, en dehors de l'établissement et en nous promenant, je leur ai fait connaître que je n'avais pas d'argent ; ils ont insisté pour que les 30 francs leur soient versés le soir, me menaçant d'une arrestation pour neuf heures et demie si j'étais inexact. J'ai averti mon patron pour prendre conseil de lui ; et, sur son avis, nous sommes allés au rendez-vous indiqué, mais à neuf heures et demie seulement. Nous n'y avons trouvé personne ; mais, le lendemain, Coquart s'étant présenté à la pension, mon patron l'a reçu et l'a fait arrêter. Pendant que ceci se passait, j'ai remarqué dans la rue l'individu à qui, la veille, j'avais remis mon porte-monnaie contenant cinq francs. Je puis affirmer de la manière la plus formelle que, lorsque Coquart m'avait accosté la veille, il s'était donné la qualité de brigadier de sergents de ville et qu'il portait à la boutonnière de son paletot un ruban rouge rayé de filets noirs. »

La seconde dupe des prévenus est un charcutier. Pour éviter d'être arrêté dans son quartier, il a donné d'abord ce qu'il avait sur lui, de 15 à 20 francs, puis plus tard 50 francs. Mais les escrocs ne s'en sont pas tenus là, et un jour qu'ils avaient appris que le charcutier venait de perdre sa femme, qu'il était malade au lit, et que sa boutique était tenue par sa fille, jeune personne de quinze ans, un d'entre eux se présenta à elle. Voici en quels termes cette jeune fille raconte cette visite :

« C'était à la tombée de la nuit; papa était malade, dans sa chambre ; il n'y avait personne dans la boutique. Voilà qu'un homme entre (c'est le prévenu Vogt), et me demande après papa. Je lui dis qu'il n'y est pas. — « C'est fâcheux, qu'il me dit, car il s'est fait une mauvaise affaire, et si vous ne me donnez pas de l'argent, ça ira mal pour lui; je serai forcé de le faire arrêter. Moi, j'étais toute tremblante, je ne savais pas ce que papa avait pu faire et je lui donnai 10 francs. Il est parti, mais le lendemain il est revenu, et il m'a fait si grand'peur de ce qui pouvait arriver à papa, que je lui ai donné 50 francs. »

Un troisième témoin déclare que, surpris par ces hommes, pendant la nuit, dans les Champs-Elysées, il leur a donné une première fois 4 francs, puis 20 francs.

Le tribunal, sur les conclusions sévères de M. l'avocat impérial Lepelletier, a condamné les quatre prévenus, Coquart par défaut, chacun en cinq ans de prison, cinq ans de surveillance et à dix ans d'interdiction des droits mentionnés en l'article 42 du Code civil.

Le plus redoutable de tous les *chanteurs*, c'est l'homme qui dispose de la publicité d'un journal.

Celui-là profite de tout : s'il y a scandale, il l'exploite ; s'il n'y en a pas, il en invente.

Voulez-vous faire un succès à votre fille ou à votre femme : c'est tant.

Votre fils a volé au jeu, ou dans la caisse de son patron, le fait ne sera pas publié : c'est tant.

S'agit-il de vanter un emprunt qui ne vaut pas deux sous : c'est tant.

Un membre de votre famille meurt, c'était une canaille, un gredin, un chenapan, un crétin : moyennant tant, tout cela disparaîtra ; pour la postérité il sera blanc comme neige, le plus honnête homme du monde et aussi le plus intelligent.

J'en ai connu un de ce calibre-là : il s'était fait une grande réputation comme critique, on le craignait à l'égal du feu.

Voici le moyen qu'il employait pour faire *chanter* les gens :

Il habitait, rue ***, un joli appartement. Un

jour, une dame vint le prier de lui consacrer quelques lignes : notre critique accepta, il avait du flair; il écrivit l'article. Quelque temps après, la dame vint le remercier, et lui offrit timidement un bronze, un rien, mais valant au moins cinq ou six cents francs; il reçut l'objet en remerciant, puis il ajouta : « Vous êtes bien aimable, madame ; mais voyez autour de vous, tous ces objets d'art, eh bien! j'en ai plein des armoires! Nous avons nos pauvres, vous le savez sans doute ; j'aurais préféré une petite somme : tenez, voyez ce tiroir (et il ouvrit un tiroir où étaient des billets de banque); ceci leur est destiné. »

La dame, prise au trébuchet, versa cinq cents francs en s'excusant de ne pouvoir donner que cela.

Si, au contraire, on lui donnait de l'argent, il l'empochait d'abord et disait qu'il eût préféré un objet d'art, un souvenir; qu'il était bien assez riche et qu'il n'avait pas besoin d'argent.

Cela n'est pas mal, n'est-ce pas?

Le maître d'un des plus grands restaurants du boulevard me conta les deux anecdotes suivantes, qui sont le sublime du genre :

Plusieurs *petits crevés* avaient soupé chez lui : l'un d'entre eux commandait les vins fins les plus rares, les mets les plus exquis ; rien ne paraissait assez bon. Toute la maison était en révolution.

Au dessert le champagne, les londrès ; bref, tout y passa.

Le garçon monta l'addition ; chacun versa cinq louis ; celui qui commandait si haut fit le compte et prit l'argent pour régler l'addition ; seulement il resta le dernier, sous le prétexte d'arranger sa cravate. Ses compagnons descendirent ; alors il appela le garçon, lui remit la note en disant : « Dites à votre patron qu'il mette la note sur mon compte. »

Le total de l'addition était de huit cents francs.

Un homme que je ne nommerai pas, mais qui est bien connu au boulevard, venait assidûment déjeuner et dîner dans le restaurant en question ; il y mangea jusqu'à ce qu'on ne voulut plus lui faire crédit ; alors il choisissait l'instant où le maître de la maison était absent et déposait la note au comptoir ; la dame aurait bien fait de l'esclandre, mais cela lui aurait nui. Quand on a l'honneur de nourrir des gens du monde, il faut se laisser plumer sans crier, autrement l'on n'est qu'un malotru; notre homme connaissait cela, et il en profitait.

Un jour, on fit dans la salle commune une quête pour ce pauvre X..., qui était à Clichy.

Notre *chanteur* tira au nez et à la barbe du restaurateur un porte-monnaie bien garni et versa cent francs pour ce pauvre X...; puis, quelques minutes après, il recommença son manége de tous les jours , il donna sa *note* au comptoir.

Bon ténor ! car la *note* était élevée.

En français, cela s'appelle bien un peu voler ; mais la vie est chère, il faut vivre quand même.

En 18.., M. Raoul de B. fut présenté, à Paris, dans divers salons ; il y fut accueilli comme on doit l'être quand on porte un beau nom, et surtout quand on a l'honneur d'appartenir, de près ou de loin, à la confrérie littéraire.

Raoul avait été jadis très-riche ; il avait dépensé sa fortune au hasard, sans compter ; et un beau matin, son dernier billet de banque s'envola avec sa dernière illusion ; mais il lui restait comme capital ses relations, sa position et ses connaissances. Il s'agissait seulement de conserver l'apparence d'une fortune quelconque. Avec son esprit ingénieux, cela n'était pas difficile ; seulement tout s'use dans la vie, et Raoul s'aperçut bien vite qu'il ne réussirait pas longtemps à tromper ses connaissances sur sa véritable position.

Raoul de B. avait eu l'occasion de rencontrer dans le monde une charmante veuve, riche, gracieuse et spirituelle : il songea que s'il parvenait à l'épouser, il aurait deux bonheurs à la fois : la beauté et la fortune.

Il mit donc en œuvre toutes les séductions possibles.

Jusqu'ici, rien que de très-naturel ; mais le reste de cette anecdote va nous montrer un don Juan comme n'en ont certainement pas rêvé ni Molière ni Byron.

Pour des raisons de convenance, nous nommerons simplement la jeune femme Antoinette.

Antoinette habitait seule un charmant hôtel. Elle était rêveuse, et romanesque à l'excès, elle adorait les aventures, les voyages improvisés.

Raoul, à qui ces tendances n'avaient point échappé, les exalta ; il se rendit nécessaire, indispensable ; il ne manqua aucune occasion de s'introduire avec effraction dans le cœur d'Antoinette ; il joua la passion, comme un voleur joue de fausses clefs pour ouvrir une serrure rebelle : promenades au clair de la lune, soupirs, demi-aveu, timidité outrée, distraction, tout fut calculé et exécuté par lui.

Il étudia ses gestes, ses poses, ses paroles, de façon à compromettre la dame.

Antoinette, coquette comme toutes les femmes, ne prenait pas Raoul au sérieux, elle le tolérait, et peut-être l'aimait-elle un peu ; mais elle connaissait sa position, ses antécédents, ses vices, et elle résolut de rompre le charme ou l'obsession qu'elle subissait.

Elle fit ses malles, et un beau jour elle partit pour l'Espagne.

Arrivée à Madrid, elle se croyait parfaitement débarrassée de Raoul, mais elle avait compté sans la ténacité et l'audace de Raoul.

Raoul, voyant qu'il n'obtiendrait rien par les

moyens ordinaires, résolut de la faire *chanter*. Il l'avait fait épier, il partit derrière elle et la rejoignit à Madrid ; elle le congédia vertement, et se sauva à Séville.

Nous n'avions pas encore le chemin de fer, la malle-poste était seule souveraine du grand chemin, ayant pour premier ministre MM. les postillons, l'antique providence des romanciers dans l'embarras.

Raoul, sachant par expérience que la vertu du postillon ne résiste pas à quelques louis, gagna celui d'Antoinette : il lui donna un fort acompte sur une grosse somme qu'il lui promit, s'il voulait être son complice.

Le postillon s'arrêta en route, et donna pour raison qu'il avait laissé ses papiers à Madrid, et qu'il fallait, avant de continuer, qu'il les envoyât chercher.

Raoul avait loué d'avance une maison, à l'entrée d'un village : le postillon y conduisit Antoinette, lui disant que c'était la maison de l'alcade. Au lieu de l'alcade, ce fut M. Raoul qui la reçut et la retint prisonnière jusqu'à ce qu'elle ait signé l'engagement de lui donner sa main et la moitié de sa fortune.

Antoinette signa, en accablant Raoul d'injures; mais il ne répondait rien, que lui importait? Seulement, il perdit un peu de son assurance quand elle lui annonça que, comme le Masque de fer dans sa prison, elle avait jeté un papier par la fenêtre, promettant sa fortune à qui la délivrerait.

Le papier fut ramassé par un jeune Français, qui naturellement monta délivrer la belle captive.

M. Raoul fut bel et bien condamné à deux ans de reclusion, et, au lieu d'une chaîne dorée, il eut une chaîne de fer, ce qui n'est pas tout à fait la même chose.

Dans sa prison, il eut le loisir de perfectionner sa méthode et d'apprendre qu'il ne suffit pas d'être un bon professeur en matière de *chant* : il faut encore avoir une élève docile.

XIX

LA BOURSE

XIX

LA BOURSE

La Bourse, comme les maisons de jeu, peuple les prisons et grossit la liste des suicides. Il suffit pour cela d'une minute ou d'un chiffre.

A la Bourse, toutes les ambitions se donnent rendez-vous, toutes les cupidités y mettent leurs espérances en commun, et la *corbeille*, comme la boîte de Pandore, vomit le regret et le désespoir. Pour une fortune, vingt ruines ; pour un heureux, vingt malheureux.

Le péristyle de la Bourse abrite une foule hétéroclite, mêlée, âpre, criarde, grouillante, agitée et inquiète. Ce sont les petits insectes qui ne rongent que les feuilles, les ramasseurs d'épaves.

L'intérieur du monument abrite les gros, les ogres de la chose.

Midi sonne : « Je vends ! J'achète ! » Ces mots sont répétés sur tous les tons ; les paroles s'entre-choquent, se heurtent, tout comme les coudes des assistants.

Sur les trente-six millions d'habitants qui peuplent la France, combien savent ce que c'est que la Bourse ?

Sans être initié, qui comprend la valeur des mots : *le report, le terme, l'agiot, la couverture?*

Peu de personnes assurément, et tant mieux pour elles : elles n'auront pas la fantaisie de jouer, et ne seront pas exposées à figurer au *pilori*, le poteau où l'on affiche les noms de ceux qui ne payent pas leurs *différences*, les *exécutés*, comme on dit en argot de Bourse.

Vous croyez sans doute que la plupart des gens qui jouent le font sur des valeurs certaines, que la Bourse a des rapports sérieux avec la dette ou les fonds nationaux ? erreur ! Les joueurs n'ont intérêt qu'à faire hausser ou baisser certaines valeurs. Ce sont des spéculateurs et non des acheteurs.

Au résumé, la Bourse n'est qu'un pari perpétuel; c'est une espèce de sport, seulement les fonds *courent* plus vite que Gladiateur.

Nous avons dit qu'il y avait foule autour de la *corbeille*; cette foule paraît démoniaque; le bruit qui s'y fait accable et étourdit; il règne dans l'air une fièvre qui se communique à tous et que tous communiquent. C'est un tourbillon, une fournaise où l'or se fond plus rapidement qu'à la Monnaie.

A la Bourse, il existe une loyauté de convention : tel homme qui paye ses différences est relativement honnête; s'il vole cinq francs au café ou à son tailleur, ce n'est pas un vice rédhibitoire : il paye ses différences, cela suffit.

Le vrai spéculateur, c'est l'homme qui n'a pas de revenu, mais qui néanmoins possède voiture, maîtresse luxueuse, appartements somptueux, et qui paye tout cela par le produit de son jeu.

Cet homme a une physionomie spéciale : comme sa vie dépend entièrement de son adresse, il est ordinairement pâle, l'anxiété a tracé de profonds sillons sur son visage ; ils sont, il est vrai, habilement dissimulés sous de grands favoris rougeâtres.

Cet homme ne ressemble à rien, c'est pour cela qu'il ressemble à tous : ni bourgeois, ni commerçant, ni ouvrier, ni banquier, il a un peu de chacun d'eux.

La plupart des joueurs appartiennent à la religion juive ; ceux-là sont âpres au gain, non pour dépenser, mais pour amasser. Ce sont les fourmis de l'endroit.

A propos des tripotages scandaleux de la Bourse, un journal faisait, avant 1848, les réflexions suivantes :

« Alors que l'argent est le seul souverain reconnu, quelle fidélité pouvez-vous demander au nom du prince? Du moment que la patrie, la famille et l'honneur n'existent que dans une sacoche d'écus, que nous est-il permis d'attendre du vain pouvoir de la patrie, de la famille et de l'honneur? Nous allons citer deux exemples entre mille, qui ne sauraient manquer de frapper nos lecteurs.

« *Premier exemple.* C'était le jour même où

Fieschi avait mis le feu à sa machine infernale. Un assez grand nombre de loups-cerviers se trouvaient devant Tortoni; la nouvelle qu'on avait tiré sur le roi arrive toute sanglante. Un grand joueur à la baisse, ne pouvant contenir sa joie, s'écrie aussitôt :

— Une baisse de dix francs ! ma fortune est faite !

« Un instant après parvint une nouvelle tout à fait rassurante. Le même joueur tombe alors en défaillance, il est ruiné ! Quand il revint à lui, ce ne fut que pour accuser tout haut la lâcheté et la stupidité de Fieschi, et maudire tout bas sa maladresse.

« *Second exemple.* C'était le 13 juillet 1842, le *duc d'Orléans* venait d'être précipité de sa voiture et transporté mourant dans un pauvre petit cabaret. Un homme très-particulièrement attaché à la famille royale met aussitôt son cheval au galop et accourt chez un loup-cervier de ses amis :

« — Le prince est blessé à mort !

« — En êtes-vous certain, mon cher ?

« — Très-certain, il n'a pas six heures à vivre.

« — Et vous ne l'avez dit qu'à moi ?

« — A vous seul.

« — Cher ami !... quel bonheur !... Vite à la Bourse !... »

Oui, va à la Bourse !...

XX

LE BAL DES GENS DE MAISON

XX

LE BAL DES GENS DE MAISON

Tout au bout de Paris, boulevard de Wagram, il existe une salle (l'ancien bal Dourlans) aussi belle que possible, dont la construction est due à l'habile architecte Fleuret. On danse dans cette salle ordinairement trois ou quatre fois par semaine. Ce bal est public, et fut en grande réputatation au temps où il y avait des grisettes.

Tous les ans, au mois de février, *les gens de maison* y donnent un bal. Voici la physionomie de celui auquel j'ai assisté :

Une longue file de voitures stationnaient à la porte de la salle Wagram. Dans l'intérieur, un orchestre nombreux et choisi faisait danser une foule joyeuse, un peu empesée, il est vrai, beaucoup trop en habit noir ; mais pour rompre la monotonie, il y avait des femmes décolletées, avec des robes multicolores, des fleurs, des dentelles, des diamants ; toutefois, un fantaisiste s'étant amusé à crier : « Catherine! Joseph! » tous les danseurs se retournèrent comme un seul homme. Cela me rappelle le fameux café de la rue Laffitte, où se réunissent les garçons de café en rupture de tablier blanc ; comme l'habitude est une seconde nature, lorsqu'un profane s'égare dans ce temple de la limonade et qu'il demande une consommation, tous les buveurs se lèvent en répondant : « Boum ! »

Mais à la salle Wagram ce n'était pas le cas, car chacun se croyait convaincu de sa mission et dansait à cœur-joie ; je dis de sa mission, car ce bal n'est ici qu'un prétexte, il cache une œuvre de bienfaisance, l'obole de chacun va à la caisse commune pour secourir les confrères pauvres, infirmes ou malades ; cet argent sert également à donner aux *gens de maison*, sans place, un subside qui leur permettra d'attendre un emploi. C'est M. de la Pommeraye, qu'on trouve toujours quand il s'agit d'une bonne œuvre, qui est chargé, en sa qualité de président, de la surveillance de ce petit monde, et cette surveillance n'est pas une sinécure.

Les *gens de maison* sont bien changés depuis Molière ; il serait impossible aujourd'hui de leur appliquer ces vers des *Femmes savantes :*

> Qu'importe qu'elle manque aux lois de Vaugelas,
> Pourvu qu'à la cuisine elle ne manque pas?
> J'aime bien mieux, pour moi, qu'en épluchant les herbes,
> Elle accommode mal les noms avec les verbes,
> Et redise cent fois un bas et méchant mot,
> Que de brûler ma viande ou saler trop mon pot :
> Je vis de bonne soupe et non de beau langage...

Mon Dieu, oui! plus d'un, parmi les gens que je coudoyais, doit bien connaître des petits secrets, car, comme l'a dit fort justement Napoléon : « Il n'est pas de héros pour son valet de chambre. » Et par le temps de *faux* qui court, la femme de chambre, oh! la femme de chambre, c'est comme le garçon baigneur des bains froids...

J'ai vu là une négresse, à la peau d'ébène, vêtue d'une robe vert-pomme, qui est une originalité.

Cette négresse connaît à fond les droits de l'homme et de la femme, si j'en juge par l'anecdote suivante qu'elle me raconta : Elle se présenta dans une maison ; sa maîtresse future lui demanda chez qui elle pourrait faire prendre des renseignements : la négresse lui donna ses références, puis lui dit :

« Maintenant, madame, que je vous ai donné des renseignements sur moi, où pourrai-je en prendre sur vous? »

J'ai vu le fameux domestique, — pardon, *l'homme de maison*, — qui, se croyant insulté par son maître, lui envoya deux témoins.

Vers deux heures du matin, un tout jeune homme monta à l'orchestre et chanta une fantaisie : *C'est pour l'enfant*. Je crus d'abord que c'était un artiste inconnu ; je lui demandai son nom, il me répondit : « Je ne puis le dire, » et me pria de ne pas le désigner trop clairement, me donnant pour raison que cela lui ferait du tort. Comme c'est joli : un homme consent à cirer des bottes, à être domestique, et se croirait déshonoré par la qualification d'artiste ! O progrès, ne serais-tu qu'un vain mot?

A ce jeune homme succéda une grosse jeune fille, coiffée d'une couronne de roses; prenant des poses d'inspirée, elle chanta, d'une assez belle voix, *la Sérénade*, de Gounod. Malheureusement, on sentait bien que c'était de la musique apprise en écoutant de l'antichambre, car il manquait des notes que la porte a dû intercepter.

J'ai remarqué que les ouvreurs de portières gratifiaient les invités du titre d'*ambassadeurs*. C'était, ma foi, bien appliqué. Le laquais qui vous introduit n'est-il pas un ambassadeur lorsqu'il va demander à son maître s'il peut ou s'il veut vous recevoir?

Que d'avenirs perdus, par la mauvaise humeur ou le peu d'obligeance d'un valet!

Tous les invités paraissaient se préoccuper vivement de savoir si on citerait leurs noms dans un journal.

Pourquoi?

Parce qu'ils avaient peur de perdre leurs places. Leur présence là n'a pourtant rien d'insolite; on peut toujours danser quand les pauvres en profitent; et puis, cette association a un but éminemment moralisateur : elle place ses membres et évite ainsi les bureaux de placement, qui sont une véritable plaie.

Un homme intelligent, avec qui je causais, me raconta ce qui suit, sur les placeurs et leur mode d'opérer :

Les bureaux de placement se divisent en deux classes : la première s'adresse aux petites gens, aux positions inférieures, mais nombreuses : aussi le bénéfice y est-il le même, à la longue, que dans la seconde classe, qui traite les conditions les plus élevées.

La première n'a que des affiches collées aux murs, chaque jour, dans les quartiers les plus populeux de Paris ; elle fait placer sur une pancarte de tôle vernie de petits carrés de papier sur lesquels on peut lire les avis suivants :

« On demande un domestique ; un garçon d'office ; une bonne à tout faire ; une cuisinière. S'adresser, au second, rue Vide-Gousset. »

Qu'arrive-t-il? Tout pauvre diable, homme ou femme sans place, s'en va rue Vide-Gousset. Admettons que ce soit la bonne, l'agent lui demande chez qui elle a servi, ses certificats, son âge ; bref, on lui fait donner 2 fr. 50 c. de frais de bureau, et on l'invite à revenir le lendemain. Elle revient. Alors on a pris des informations sur son compte : sa moralité et son savoir-faire conviennent ; on lui demande de nouveau 2 fr. 50 c. pour faire les démarches ; et l'agent l'adresse à la personne qui est censée avoir besoin d'une bonne. Cette dernière trouve la personne au lieu indiqué ; mais cette dame est bien fâchée, elle n'a plus besoin de bonne : son charbonnier lui en a envoyé une le matin si la pauvre dupe se présente le soir, et le soir si elle se présente le matin.

Pour le domestique mâle, même comédie ; seulement il paye 10 francs au lieu de 5 francs, voilà toute la différence.

La seconde classe n'affiche rien dans la rue ; elle fait faire des annonces dans les journaux, dans les gares de chemins de fer ; par exemple : On demande un commis disponible ; une dame connaissant plusieurs langues ; un secrétaire ayant une belle expédiée. Le commis aura au moins 2,000 francs d'appointements, s'il sait lire ; on ne demande que cela ; du reste, il ne travaillera que trois heures par jour. La dame sera institutrice d'un prince indien, qui donne des diamants aux enfants comme nous des bonbons. Le secrétaire sera employé deux heures chez un lord anglais, et aura 5,000 francs d'appointements. Mais, hélas! quand ils se présentent, il est toujours trop tard : les frais de bureau sont payés et les places sont prises...

A six heures du matin, le bal se termina. La recette a été considérable. M. Leblanc, le propriétaire intelligent de la salle Wagram, voulant coopérer à cette bonne œuvre, avait donné sa alle ; il a eu raison.

Il y avait à ce bal beaucoup de journalistes; nous avons été admirablement reçus.

Qu'y a-t-il d'extraordinaire à cela? Ne sont-ce pas des hommes habitués à *recevoir*?

XXI

L'HOTEL DE LA POSTE

XXI

L'HOTEL DE LA POSTE

De deux à six heures, la rue Jean-Jacques-Rousseau présente un spectacle curieux : on ne coudoie que gens pressés, courants et haletants; les voitures de l'administration filent avec une rapidité vertigineuse; des hommes chargés de journaux et d'imprimés de toutes sortes se poussent à l'envi ; c'est un tohu-bohu incroyable, un va-et-vient, un bruit continuel, assourdissant et fatigant.

Où va tout ce monde?

A l'hôtel des postes.

Je voudrais être Asmodée, pouvoir lire tout ce qui s'expédie : quelle comédie et quel drame !

Sous ces fragiles plis de 8 centimètres carrés, que de joies et que de larmes !

L'hôtel de la poste n'était, à la fin du quinzième siècle, qu'une grande maison ayant pour enseigne une image, l'*Image de saint Jacques*.

Elle appartenait alors à Jacques Rebours, procureur de la ville de Paris, elle ressemblait plutôt à une auberge qu'à la maison d'un officier public.

Le duc d'Epernon acheta cette maison, la fit démolir, puis reconstruire plus confortablement. Elle passa plus tard entre les mains de Barthélemy d'Hervart, contrôleur général des finances. M. d'Hervart, ne trouvant pas cette habitation assez fastueuse, la fit de nouveau démolir pour la reconstruire.

La maison devint un hôtel.

Immédiatement à droite, en entrant par la rue Jean-Jacques-Rousseau, on remarque un magnifique escalier (1) qui conduit à la salle du conseil et dans certains bureaux du service administratif. Cet escalier est orné d'une rampe en fer forgé ;

(1) Ces quelques lignes sont empruntées au *Paris Guide*, à un excellent travail sur les postes, signé J. Lardin.

il a sa légende. On prétend que sous les couches de peinture dont les divers chefs du matériel l'ont fait successivement recouvrir, il y a une dorure extrêmement précieuse.

On ajoute qu'en 1848, un maître serrurier, instruit de ce secret, sollicita de l'administration la faculté de s'emparer de la rampe aurifère et de la remplacer par une autre rampe de même métal, du même dessin et du même poids.

Ses sollicitations demeurèrent infructueuses.

Dans ce même escalier était autrefois la chapelle où, sous les rois légitimes, le directeur général, entouré des chefs de bureau et des employés bien pensants, assistait régulièrement à la messe chaque dimanche.

En 1457, le roi ordonna l'acquisition de cet hôtel afin d'y placer les bureaux des postes.

Avant le roi Louis XI, l'Université avait seule le droit de faire porter les nouvelles des provinces.

Louis XI créa une poste pour son service personnel.

A ce sujet, il rendit l'édit suivant, daté du 17 juin 1464.

Entre autres choses, il est dit :

« Qu'ayant mis en délibération avec les sei-
« gneurs du conseil qu'il est moult nécessaire et
« important à ses affaires et à son État de sçavoir
« diligemment nouvelles de tous côtés, et y faire,
« quand bon lui semblera, sçavoir des siennes;
« d'instituer et d'establir en toutes les villes,
« bourgs, bourgades et lieux que besoin sera ju-
« gés plus commodes un nombre de chevaux cou-
« rants de traite en traite, par le moyen desquels
« ses commandements puissent être promptement
« exécutés, et qu'il puisse avoir nouvelles de ses
« voisins quand il voudra, etc..... Ma volonté et
« plaisir est que, dès à présent et d'ores en avant,
« il soit mis et establi, spécialement sur les grands
« chemins de mon dit royaume, personnes sta-
« bles et qui feront serment de bien et loyalement
« servir le roy pour tenir et entretenir quatre ou
« cinq chevaux de légère taille, bien enharnachez
« et propres à courir le galop durant le chemin
« de leur traite, lequel nombre on pourra augmen-
« ter s'il est besoin. »

Le même édit fixe le prix de la traite (quatre

lieues), guide comprise, à la somme de 10 sols.

Charles VIII et Henri III firent beaucoup pour régler le service des postes.

Henri IV rendit, en 1597, un édit dont voici les considérants :

« Comme les commerces accoutumez cessent et
« sont discontinuez en beaucoup d'endroits, et ne
« peuvent nos dicts subjects vaquer librement à
« leurs affaires, sinon en prenant la poste, qui leur
« vient en grande cherté et excessive dépense; à
« quoy désirant pourvoir et donner à nos dicts
« subjects les moyens de voyager et commodé-
« ment continuer le labourage, avons ordonné et
« ordonnons que par toutes les villes, bourgs et
« bourgades de notre royaume, seront établies
« des maistres particuliers pour chaque traite et
« journée; déclarant néanmoins n'avoir entendu
« préjudicier aux priviléges et immunitez des
« postes. »

Cet édit avait pour but de créer un établissement destiné à fournir aux voyageurs des chevaux de louage de traite en traite.

Louis XIV créa la petite poste. Voici le titre relatif à cette fondation :

« Louis, par la grâce de Dieu, considérant que
« la grande estendue de notre ville de Paris, et
« la multitude des personnes qui la composent,
« causent beaucoup de longueurs et de retarde-
« ments au nombre infini des affaires qui s'y trai-
« tent et qui s'y négocient, nous avons reconnu
« qu'il était nécessaire d'apporter quelque ordre
« particulier, afin d'en avoir une plus prompte
« et diligente expédition, et après avoir exa-
« miné plusieurs propositions qui nous ont
« été faites sur ce sujet, nous n'en avons point
« trouvé de plus innocentes pour les particuliers,
« ni de plus advantageuses pour le public, que
« l'établissement de plusieurs commis dans notre
« ville de Paris, lesquels étant divisés par quatre
« auront la charge et le soing de partir tous les
« matins, et de prendre chacun dans un bon
« nombre de boistes qui seront mises en différents
« endroits des dits quartiers (1) pour la commo-

(1) Une en la rue Saint-Jacques, au coin de la rue du Plâtre, vis-à-vis la vieille porte ; *(Suite à la page 259.)*

« dité de tout le monde, les billets, lettres, mé-
« moires, que l'on est obligé d'écrire à tous mo-
« ments et à toutes rencontres, et de là les porter
« dans une boutique ou bureau qui sera dans la
« cour du Pallais, pour y être distribués par or-
« dre de quartiers, et rendus par les dicts com-
« mis sur le champ diligemment et fidèlement à
« leurs adresses, d'où retournant reporter au Pal-
« lais sur le midy et à trois heures, et même plus
« souvent s'il est nécessaire, les billets, lettres et
« mémoires qui auront été mis dans les dites
« boistes pendant le dit temps, etc..... Considé-
« rant aussi que ceux qui sont à Paris ont plus
« d'affaires avec les personnes qui sont dans la

Une au milieu de la place Maubert, vis-à-vis la fontaine à l'usage de Saint-François ;
Une au faubourg Saint-Germain, au coin du jeu de paulme de Metz ;
Rne au faubourg Saint-Honoré, près les Jeunes Aveugles, vis-à-vis la rue Saint-Nicaise ;
Une rue Saint-Martin, au coin de la rue aux Ours ;
Une au faubourg Saint-Antoine, vis-à-vis l'Ours, devant la rue Jeoffroy-Lasnier, au Petit-Louvre-Couronné.

En tout dix boîtes, où l'on allait lever les lettres à midi et à huit heures du soir en hiver, en été à neuf heures.

Ces levées étaient faites très-exactement.

« dite ville qu'avec ceux qui sont dans les pro-
« vinces dont on a bien plus facilement des nou-
« velles et des réponces que de ceux qui sont
« dans des quartiers esloignés, et qu'il est bien à
« propos d'establir pour la facilité du commerce
« et pour la commodité du public une correspon-
« dance si nécessaire à tout le monde et particu-
« lièrement aux marchands qui ne peuvent quit-
« ter leurs boutiques, à l'artisan qui n'a rien de
« si cher que le temps et son travail qui le nour-
« rit, et à l'officier qui de quelque condition qu'il
« soit, devant l'assiduité à son exercice, ne le peut
« abandonner.

« A ces causes....., voulons et nous plaît qu'il
« soit establi, dans notre bonne ville et fauxbourgs
« de Paris, tel nombre de boistes, de commis et
« de bureaux qu'il sera nécessaire, et dans les
« lieux qui seront jugés être plus à propos, afin
« que ceux qui voudront se servir de cette voye
« en puissent user. N'entendant y contraindre
« personne, voullant aussi que le salaire des dits
« commis soit modeste et modéré, et qu'il ne soit
« que d'un sol marqué, quelque grosseur que

« puisse avoir le billet, lettre ou mémoire,
« etc..... Nous avons donné à nos chers et bien
« aimés les sieurs *Nogent* et *de Villahier*,
« maistres des requêtes, en considération des bons
« et agréables services qu'ils nous ont rendus et
« nous rendent tous les jours, la permission et la
« faculté de faire le dit établissement dans notre
« ville et fauxbourgs de Paris et autres villes de
« notre royaume où ils verront qu'il sera néces-
« saire, à l'exclusion de toutes autres personnes,
« *pendant le temps et espace de quarante années*,
« durant lesquelles nous voulons et ordonnons
« que les dits sieurs Nogent et de Villahier, jouis-
« sent seuls de la dite faculté, de tous les profits
« et émoluments qui en pourront venir.

« Donné à Paris au mois de mai de l'an 1653
« et de notre règne le onzième.

« *Signé* : Louis. »

Avant cette ordonnance, les particuliers taxaient eux-mêmes les missives qu'ils confiaient à la poste; et ils éprouvèrent beaucoup de peine à s'astreindre aux nouveaux règlements.

Le premier tarif n'était pas bien élevé : il en coûtait seulement deux sols de Paris à Lyon.

La petite poste, inventée par Louis XIV, ne réussit pas; ce fut l'industrie privée qui suppléa à l'insuffisance de l'administration.

En 1758, un homme qui avait déjà consacré une partie de ses richesses à des établissements d'utilité publique, M. de Chamousset, fonda, par permission royale et à ses frais, une petite poste dans la capitale. Il reçut en échange et pour trente années la concession des revenus de son institution. Ce n'était point un monopole, car, dans une déclaration ultérieure du roi, il est spécifié que les particuliers n'en pourront pas moins faire porter leurs lettres et paquets dans la ville et dans les faubourgs de Paris par telles personnes qu'ils jugeront convenables ou à propos.

Le port, payable à l'avance, était de deux sols par lettre simple, billet ou carte au-dessous d'une once, et de trois sols de l'once des paquets. Chaque objet de correspondance était frappé du timbre spécial du bureau d'origine.

Neuf de ces bureaux, désignés par une des premières lettres de l'alphabet, étaient disséminés dans Paris.

Voici leurs emplacements :

    A. Place de l'École;
    B. Cloître Culture-Sainte-Catherine ;
    C. Rue Saint-Martin ;
    D. Rue Neuve-des-Petits-Champs ;
    E. Porte Saint-Honoré ;
    F. Rue du Bac ;
    G. Rue du Petit-Lion ;
    H. A l'Estrapade ;
    I. Rue Galande.

La première année, M. de Chamousset encaissa 50,000 livres de bénéfice net : aussi le gouvernement lui enleva-t-il la petite poste pour l'ajouter à ses fermes, et lui fit-il une pension annuelle de 20,000 livres jusqu'à sa mort.

Voici le texte de l'ordonnance rendue par Louis XIV, le 8 juillet 1759, qui conféra à M. de Chamousset le privilége de la petite poste :

« Il sera établi dans notre ville de Paris différents bureaux pour porter d'un quartier à un autre, dans l'enceinte des barrières, des lettres et paquets sur le pied de deux sols pour une lettre simple, billet ou carte au-dessous d'une once, soit qu'il y ait enveloppe, soit qu'il n'y en ait pas; et de trois sols l'once pour les paquets; et, à l'effet de prévenir les abus, le port sera payé à l'avance.

« Les lettres et paquets seront timbrés du timbre particulier à chaque bureau d'où ils seront partis. *N'entendons néanmoins, en* AUCUN CAS, *empêcher les particuliers de faire porter leurs lettres et paquets, dans la ville et les faubourgs de Paris, par telles personnes qu'ils jugeront à propos.* »

Le ministre Louvois ne se gênait guère pour violer le secret des lettres. Dulaure dit qu'il lui est passé sous les yeux plus de QUINZE CENTS cahiers in-4°, contenant une douzaine de pages et portant, pour la plupart, la signature du commissaire de police Marais. Ces rapports contenaient des récits sur les mœurs des princes et des principaux seigneurs de la cour.

Sous Louis XV, on continua à décacheter avec un soin tout particulier toutes les lettres qui paraissaient suspectes et même celles qui ne le paraissaient pas, mais qu'on soupçonnait seulement; on faisait des extraits de ces lettres, et, bien entendu, on les envoyait ensuite à leurs adresses ; puis, l'intendant des postes allait tous les dimanches matin offrir au roi le résultat de ses indiscrétions.

Madame de Hausset rapporte, dans son Journal, que le docteur Quesnay disait qu'il ne dînerait pas plus volontiers avec l'intendant des postes qu'avec le bourreau.

Louis XI, soupçonneux à l'excès, avait pressenti cela, car voici ce que dit l'article 10 de l'édit du 19 juin 1464 :

« Après avoir vu et visité par le dit commis les paquets des dits courriers et connu qu'il n'y ait rien de contraire au service du roy, les cachètera d'un cachet qu'il aura du dit grand maître des coureurs, et puis les rendra au dit courrier avec passeport que sa Majesté veut être en la forme qu'il suit :

« MAITRES TENANTS LES CHEVAUX COURANTS DU ROY, DEPUIS TEL LIEU JUSQU'A TEL AUTRE.... MONTEZ ET LAISSEZ PASSER CE PRÉSENT COURRIER NOMMÉ TEL, QUI S'EN VA EN

TEL LIEU AVEC SA GUIDE ET MALLE EN LAQUELLE SONT... LE NOMBRE DE TANT DE PAQUETS DE LETTRES CACHETÉES DU CACHET DE NOTRE GRAND MAITRE DES COUREURS DE FRANCE, LESQUELLES LETTRES ONT ÉTÉ PAR MOY VUES ET N'Y AI RIEN TROUVÉ QUI PRÉJUDICIE AU ROY NOTRE SIRE, AU MOYEN DE QUOY NE LUI DONNEZ AUCUN EMPESCHEMENT, NE PORTANT AUTRE CHOSE QUE..... TELLE SOMME POUR FAIRE SON VOYAGE IL SERA SIGNÉ DU DIT COMMIS ET NON D'AUTRES PERSONNES. »

Le temps a marché : le secret des lettres est-il mieux respecté aujourd'hui?

C'est une grave question.

Une circulaire datée du 24 janvier 1867, et signée VANDAL, directeur général des postes, va nous répondre.

DIRECTION GÉNÉRALE DES POSTES.

1re *division, bureau de la correspondance intérieure.*

« Paris, le 24 janvier 1867.

« Monsieur,

« L'administration a reçu l'ordre d'empêcher, pour ce qui la concerne, l'introduction en France et la distribution d'une lettre autographiée adressée au général de Saint-Priest par M. le comte de Chambord. Cet écrit est expédié sous enveloppe dans la forme d'une lettre ordinaire, soit de l'étranger, soit des bureaux de l'intérieur.

« Je vous invite, en conséquence, à *surveiller avec le plus grand soin* TOUTES *les correspondances qui parviennent directement ou indirectement à votre bureau*, afin de découvrir les exemplaires de la lettre dont il s'agit, qui pourraient faire partie des correspondances et qui se trouveraient placées, soit sous bandes isolément et avec d'autres publications, *soit* sous DES ENVELOPPES CLOSES. Vous surveillerez aussi, dans le même but, non-seulement les correspondances mises à la poste dans votre localité, mais encore celles qui vous parviendraient des bureaux français avec lesquels vous êtes en relation ; car il ne serait pas impossible que des exemplaires de ladite lettre fussent déposés dans les boîtes aux lettres après avoir été introduits en France par une voie étrangère à la poste.

« Vous formerez un paquet spécial de tous les exemplaires, soit sous bandes, soit sous enveloppes, que vous aurez été à même de reconnaître et de retenir, et vous adresserez ce paquet au receveur principal des postes, à Paris, sous étiquette portant, indépendamment de l'adresse, les mots : « *Lettre « saisie en vertu de l'ordre de l'administration du 24 janvier 1867,* » et au-dessous l'indication du nombre des objets expédiés.

« Je vous recommande, monsieur, la plus grande vigilance et la plus grande circonspection pour l'exécution de la mesure dont il s'agit, et je vous prie d'accuser réception de la présente lettre au directeur des postes de votre département.

« Agréez, etc.

« E. VANDAL,
« *Directeur général des postes.* »

En lisant la circulaire que nous venons de citer, l'idée nous est venue de nous reporter à une discussion du mercredi 21 janvier 1865, dans laquelle M. le directeur général des postes, interpellé à la fois par M. Guéroult et par M. Pelletan, eut à faire connaître son opinion anticipée sur la mesure qu'il prit le 27 janvier 1867.

M. Pelletan posait à M. Vandal la question suivante :

« *Dans le cas où sans commencement d'instruction, M. le préfet de police demanderait à M. le directeur général des postes de lui livrer les lettres, les lui livrerait-il ?* »

Voici, d'après le *Moniteur*, la réponse de M. Vandal, *commissaire du gouvernement* :

« NON ! »

Quant au fameux Cabinet noir dont on a tant parlé, c'est tout simplement une très-vaste et très-belle salle parfaitement éclairée, où jamais un employé des postes n'ouvre une lettre.

Le Cabinet noir appartient à la préfecture de police et au ministère de l'intérieur : il n'a donc rien à faire ici au point de vue pittoresque.

Impossible de dire comment on y opère ; en réalité, on n'y opère plus.

A propos du secret des lettres, M. de Metternich, ambassadeur d'Autriche à Paris sous le premier Empire, se méfiait, à tort ou à raison, de la fidélité des postes françaises.

Afin d'empêcher de décacheter sa correspondance, et de pouvoir le reconnaître au besoin, il fit faire un cachet particulier qui lui servait à Paris. A Vienne, son correspondant avait un cachet absolument semblable. Ces deux cachets étaient gravés de telle façon, qu'il semblait impossible qu'au premier coup d'œil on ne découvrît pas la fraude.

La poste décachetait les dépêches, et pour les recacheter, afin qu'on ne s'aperçût de rien, avait fait fabriquer un cachet en tout point semblable à ceux du prince de Metternich.

Le prince enrageait, il se doutait de la fraude, il en était même certain, mais il ne savait comment l'empêcher, ou du moins comment prendre la poste en flagrant délit.

Il fit venir un graveur habile chez lui, et fit donner au beau milieu de ses deux cachets un fort coup de poinçon.

Les employés, qui recachetaient avec le cachet

de la poste la correspondance violée, ne s'aperçurent de rien. La correspondance fut envoyée à Vienne.

Au retour du courrier de Vienne, même inattention de la part des employés.

Alors le prince furieux, ne pouvant plus douter, envoya son cachet au directeur des postes, avec ce billet :

Monsieur,

J'ai l'honneur de vous faire remarquer que mon cachet a, par malheur, reçu un coup de poinçon. Veuillez donc donner des ordres pour en faire faire autant au vôtre, afin que je continue à ne m'apercevoir de rien.

Agréez, etc.

Pour l'administration des postes, Paris est actuellement divisé en onze rayons; le service de chaque rayon se fait par trois brigades, chaque brigade compte quinze facteurs, ce qui donne, en tout, quatre cent quatre-vingt-quinze facteurs.

C'est peu, car aujourd'hui à la poste on manipule environ *deux cent quatre-vingts millions* d'objets par an ; la correspondance de Paris atteint à elle seule le chiffre considérable de *vingt-six millions*.

A l'époque du jour de l'an, il est distribué, dans Paris, environ *trois millions quatre cent quarante-six mille* cartes de visites.

Les facteurs ruraux, pour toute la France, s'élèvent au nombre de seize mille quatre cent six ; ils parcourent journellement une étendue de *quatre cent vingt-huit mille deux cent cinquante-six* kilomètres.

Le facteur, en France, est, comparativement aux services rendus, l'employé le plus mal rétribué : en effet, son traitement annuel varie entre NEUF CENTS et QUINZE CENTS FRANCS par an.

Ce traitement minime a donné lieu à un abus, à une mendicité annuelle, car, avant tout, il faut vivre.

Au jour de l'an, les facteurs nous remettent des almanachs ; on leur donne en échange une certaine somme : ces sommes capitalisées augmentent leur traitement de cinq cents francs environ.

C'est le pourboire qui sert à faire manger la famille.

Paris compte cinquante et un bureaux de poste, et six cents boîtes de quartiers.

Depuis 1848, on a coutume d'affranchir les lettres. L'administration des postes a débité, en 1866, 427,219,000 timbres-poste, dont le produit brut a été de 63,436,753 francs.

En 1659 (on a bien raison de dire qu'il n'y a rien de nouveau sous le soleil), une tentative d'affranchissement eut lieu ; mais elle ne réussit pas, comme d'ailleurs presque toutes les inventions nouvelles.

Voici un avis qui explique cette innovation :

« On fait sçavoir, à tous ceux qui voudront es-
« crire d'un quartier de Paris en un autre, que
« leurs lettres, billets ou mémoires seront fidelle-
« ment portés et diligemment rendus à leur
« adresse, et qu'ils en auront promptement ré-
« ponse, pourvu que lorsqu'ils écriront, ils met-
« tront avec leurs lettres, *un billet qui portera,*
« *port payé,* parce que l'on ne prendra point
« d'argent, lequel billet sera attaché à la dite
« lettre, ou mis autour de la lettre, ou passé
« dans la lettre, ou en telle autre manière

« qu'ils trouveront à propos, de telle sorte néan-
« moins que le commis le puisse voir et oster
« aysément.

« Chacun estant averti que nulle lettre ni ré-
« ponse ne sera portée, qu'il n'y aye avec icelle
« un billet de port payé, dont la date sera rem-
« plie du jour et du mois qu'il sera envoyé, à
« quoy il ne faudra manquer si l'on veut que la
« lettre soit portée.

« Le commis général qui sera au palais ven-
« dra de ces billets de port payé à ceux qui en
« voudront avoir pour le prix d'un sol marqué et
« non plus à peine de concussion, et chacun est
« adverty d'en acheter pour sa nécessité, le nom-
« bre qu'il lui plaira, afin que lorsqu'on voudra
« escrire, l'on ne manque pas pour si peu de
« chose à faire ses affaires. »

A Troyes, les jours de marché, les paysans, ne voulant pas entrer dans le bureau de poste, hélaient le directeur, qui demeurait au premier :

— Monsieur, j'ons mis une lettre à la poste.

— C'est bien, mon garçon.

— Partira-t-elle ?

— Oui..

— Ah ! j'ons mis les quatre sous dans la boîte.

En effet, quand on levait la boîte pour les départs, on y trouvait souvent de quatre à cinq francs.

Toujours au même bureau : il y avait au-dessous de la boîte aux lettres un soupirail de cave ; les paysans demandaient au directeur : « Dans quel trou faut-il que j'mettions nos lettres ? »

Le directeur, parfois en gaieté, répondait :

« Où vous voudrez ! » Et tous les soirs, les employés de la poste étaient sûrs de trouver un certain nombre de lettres dans la cave.

Chaque jour, les dépêches de Paris pour la province et l'étranger, et réciproquement, sont transportées par les wagons des postes sur les chemins de fer ; ces wagons, nommés bureaux ambulants, exécutent un travail rapide et sont appelés à un grand avenir, malgré les tracasseries que leur bureau d'organisation ne cesse de leur faire.

Le service y est pénible, et convient mieux à des célibataires qu'à de jeunes mariés. Indépendamment de la fidélité conjugale mise à l'épreuve par de continuels déplacements, il faut nécessairement mentionner le chapitre des accidents.

Les déraillements du wagon-poste sont d'autant plus dangereux, qu'il y a SIX ou HUIT lampes à l'intérieur du bureau, et en hiver un calorifère chauffé au coke, qui est une menace perpétuelle d'incendie. Le sentiment du danger n'existe, pour ainsi dire, pas chez les agents ambulants : ils sont gais, insouciants, toujours en *train ;* et pourtant, il y a quelques années, l'un d'eux, M. Semmartin, jeune homme de vingt-trois ans, fut tué dans un accident sur la ligne des Pyrénées. Il avait pour chef de brigade un grand gaillard fort comme un Turc, doux comme un agneau, auquel semblait s'attacher toutes les mauvaises chances, sans toutefois qu'il en fût personnellement atteint. Cet agent a déraillé sur toutes les lignes où il a été nommé, sans avoir autre chose que des secousses, mais jamais d'égratignures, de sorte qu'il devenait très-difficile de lui donner un personnel, tous les employés redoutaient d'être écharpés au premier voyage.

Le dernier accident de cet agent eut lieu en sortant d'une gare de la ligne de l'Est.

Le train-poste quittait la station, une plaque à bascule se trouvant sur la voie et au-dessous du deuxième wagon du convoi était mal fermée. Les wagons des voyageurs passèrent là sans encombre, mais le wagon-poste s'ouvrit et s'enfonça à moitié ; il fut relevé par la force de traction, mais déraillé. Le mécanicien ne s'en aperçut que quand le train avait déjà acquis une grande vitesse. Enfin, les wagons culbutèrent les uns sur les autres avec fracas, et le bureau ambulant versa sur le flanc, On s'occupa beaucoup des voyageurs, la gendarmerie arriva : un gendarme, en voyant le wagon dans ce piteux état, pensa que les dépêches de son commandant allaient être retardées, il pénétra comme il put dans la caisse renversée, il aperçut des corps étendus sur les casiers au milieu d'un monceau de lettres et de journaux.

Le brave gendarme eut peur; afin de se donner du courage il cria très-fort :

— Eh bien ! rien ne marche ici ?

— Pardon, répondit le chef de brigade qui revenait de son étourdissement, il y a encore le chronomètre!

En effet, malgré le choc, on entendait le tic tac régulier de l'horloge.

Les employés des postes en furent quittes pour la peur et pour quelques jours de repos, leur chef n'interrompit même pas son service, mais il demanda un bureau en province : il l'obtint en considération de son excellent service et de ses nombreux déraillements.

La poste est une mine inépuisable d'anecdotes, il n'y a que l'embarras du choix.

M. Étienne Arago fut, comme chacun sait, directeur des postes du 25 février 1848 au 21 décembre de la même année.

C'était peu pour se mettre au courant des rouages si compliqués de l'administration, mais pour M. Arago, ce n'était pas là une difficulté. Doué d'un esprit pratique vif et pénétrant, il connut bientôt les secrets de tous les services et même les noms des plus humbles employés.

Un jour, M. Arago reçut une pétition d'un pauvre employé nommé *Meurt-de-Faim*. Cet employé demandait son changement et une augmentation de traitement ; immédiatement, M. Arago ordonna qu'on envoyât *Meurt-de-Faim* à *Bonne-Table*, petite ville du Maine, département de la Sarthe.

M. Étienne Arago disait, en parcourant la liste des directrices de poste de la banlieue parisienne :

— Mais c'est la liste des invalides de la galanterie des députés !

Le mot est historique.

Dans une autre circonstance, une directrice, madame *Emma Tell*, sollicitait un service. M. Arago dit en riant à ses employés :

— Mais ce n'est pas un nom, *Emma Tell*, c'est une question.

La façon dont on écrit les adresses a donné lieu parfois à de singuliers quiproquos. Il faut aux employés chargés du tri des lettres un instinct de Peau-Rouge, surtout en présence d'adresses du genre de celle-ci :

A madame Dubois,
Enceinte de la porte Saint-Denis.

Et les lettres perdues donc! voilà qui amène des choses bizarres.

A ce sujet, racontons une curieuse anecdote arrivée à Berlin en 1866 :

Depuis une huitaine de jours, un homme d'une quarantaine d'années était descendu au *Grand Hôtel de Berlin*. L'hôtelier ne manqua pas d'être frappé de son air sombre et taciturne, de son incessante préoccupation et de ses allures étrangement mystérieuses.

L'inconnu restait enfermé dans sa chambre des heures, des journées entières, mangeait peu ou point, et avait poussé la distraction ou la précaution jusqu'à oublier de donner son nom. Il n'en fallait pas davantage, on le comprend, surtout en un temps si gros d'orages, pour faire ouvrir les yeux à notre hôtelier et lui mettre martel en tête.

Quel était ce bizarre inconnu, et que venait-il faire à Berlin?

Un jour, l'étranger reçut une lettre, ou plutôt ce fut l'hôtelier qui la reçut; il la retournait, palpait le papier, le scrutait, cherchait à lire à travers de l'enveloppe; enfin, n'y tenant plus, ne pouvant plus résister à son démon tentateur, il trempa un couteau flexible dans de l'eau tiède, puis décacheta la lettre.

L'hôtelier indiscret tressaillit d'espoir, enfin il allait connaître le mot de l'énigme, pénétrer ce mystère impénétrable; mais il frémit d'horreur et d'effroi, la lettre ne contenait que ces mots très-distinctement écrits : « Peu de temps après, le roi sera tué. »

Notre homme courut tout d'une haleine à la direction de la police, qui mit aussitôt son armée en mouvement, et, deux heures après sa rentrée à l'hôtel, le mystérieux inconnu fut appréhendé au corps par les estafiers berlinois, fourré dans une voiture noire et conduit au galop en prison.

Les nouvelles courent vite à Paris, il en est de même à Berlin ; une heure après, tout Berlin connaissait la découverte d'un grand complot contre la vie de Frédéric-Guillaume, et les correspondants en avaient transmis la nouvelle à leurs journaux respectifs.

Le directeur de la police et les plus hauts magistrats se rendirent à la prison et entamèrent immédiatement l'interrogatoire de l'accusé, qui déjà semblait avoir pris son parti de sa triste situation, et se montrait plus pensif et plus absorbé que jamais.

— Comment vous appelez-vous ? lui demanda sévèrement le directeur de la police.

— Qu'est-ce que ça peut bien vous faire ? répondit l'accusé en sortant de sa rêverie. Eichmann, si vous tenez à le savoir.

— Qu'êtes-vous venu faire à Berlin ?

— Je suis venu pour un drame...

— Oui... pour un drame régicide !

— Justement.... Tiens ! comment le savez-vous, monsieur ?

— Voyez cette lettre, elle est en notre pouvoir ! dit solennellement un des magistrats.

— Ah ! mais c'est justement la lettre que j'attendais ! Il me semblait bien que mon collaborateur ne devait pas m'avoir oublié ; rendez-la-moi, elle m'est indispensable.

— Je le crois bien, dit le directeur triomphant. Pourquoi voulez-vous tuer le roi ?

— Parce que l'histoire et le drame le veulent.

16.

— Quelle histoire?... quel drame?...

— L'histoire de Henri III, roi de France et de Pologne, que je mets en drame, et que je ferai représenter dans quelque temps au Théâtre royal.

— Cet homme est fou! dirent les magistrats en le regardant.

— Comment! je suis fou?... moi, Eichmann, Guillaume Eichmann, fou?...

— Guillaume Eichmann! s'écrièrent en chœur les interrogateurs. Vous êtes... notre célèbre dramaturge?

— Qui croyez-vous donc que je sois? demanda le prisonnier d'un ton distrait.

Immédiatement on envoya querir, chez le photographe voisin, un portrait de Guillaume Eichmann; le doute tomba à la confrontation.

Lecteurs, n'allez jamais chez cet hôtelier!

XXII

LE PALAIS-ROYAL

XXI

LE PALAIS-ROYAL

Le Palais-Royal d'autrefois ne ressemblait en rien à celui d'aujourd'hni. Ce palais et ses dépendances donnaient à la police autant de mal pour le surveiller que le reste de la capitale. C'est qu'aussi il recélait et abritait un monde sinon disparu, du moins disséminé partout, monde marqué et parqué, faisant volontiers la roue dans la honte de ses mauvaises actions. Je dis parqué, le mot est juste, car autrefois on trouvait au Palais-Royal tout ce qui était nécessaire à l'existence la plus fastueuse et la plus dissolue ; le *petit crevé* n'était pas encore inventé, mais c'est assurément le Palais-Royal qui en fut la pépinière.

Le Palais-Royal ne date que de 1629 ; mais, pour écrire son histoire complète, il faudrait un énorme volume, car il s'y est passé bien des choses.

En 1629, le cardinal de Richelieu acheta l'emplacement des anciens hôtels de Rambouillet et d'Armagnac, et fit construire par son architecte, J. Lemercier, un hôtel qui prit le nom de Richelieu. Le cardinal, ambitieux et favorisé de la fortude, aussi et même plus puissant que le roi, trouva tout naturellement son hôtel trop simple et bon tout au plus pour un bourgeois du Marais.

Il faut se souvenir que cet hôtel était enfermé dans l'ancienne enceinte de Charles V. Un mur, une fortification, c'était peu de chose pour Richelieu : aussi fit-il sans façon abattre la muraille, combler le fossé qui la longeait, et en prit-il l'emplacement, qui était très-vaste.

A partir de cette année (1636), l'hôtel Richelieu se nomma le *Palais-Cardinal*. Palais ! cela sonnait mieux à l'oreille : le Palais de monseigneur le cardinal !

Richelieu, on ne sait trop pourquoi, fit *cadeau* de son palais au roi Louis XIII.

Voici l'acte authentique :

« Donnation à Sa Majesté entre-vifs, pure, simple, perpétuelle et irrévocable, cours, jardins, fontaines et caves, sans autres choses en excepter ni réserver, en l'état que les lieux sont à présent ou qu'ils pourront être mis par les soins et la dépense dudit Cardinal, et sans autres clauses et conditions qu'il a plu à Sa Majesté d'agir et commander d'être insérées en la présente donation, savoir que ledit Cardinal jouira sa vie durant dudit hôtel et de tout ce qui en dépend, ainsi qu'il a fait jusqu'ici. Qu'après son décès, ledit hôtel demeurera à jamais inaliénable de la couronne, sans même pouvoir être donné à aucun prince, seigneur ou autre personnage, pour y loger sa vie durant et à temps.

« L'intention dudit Cardinal étant qu'il ne serve que pour le logement de Sa Majesté quand elle l'aura pour agréable, ses successeurs rois de France, ou de l'héritier de la couronne seulement, et non autre, ne s'étant porté à bâtir cette maison avec tant de dépense que dans le dessein qu'elle ne sera qu'à la première ou la seconde personne du royaume, en faveur même de laquelle Sa Majesté ou ses successeurs ne pourront jamais disposer que de l'usage des habitations seulement; etc., etc. »

Richelieu rappela cette donation dans son testament et mourut dans *leur* palais, le 4 décembre 1643.

Anne d'Autriche, régente de France, quitta le Louvre, accompagnée de ses deux fils, et vint habiter, le 7 octobre 1644, le Palais-Cardinal, qui prit à cette occasion le nom de Palais-Royal.

Henriette-Marie, reine d'Angleterre, habita le Palais-Royal jusqu'en 1661.

En 1661, le père de Louis XIV, *Monsieur*, vint habiter le Palais-Royal ; après le mariage de son fils, le duc de Chartres, avec Marie-Françoise de Bourbon, Monsieur en devint propriétaire.

En 1679, Louis XIV acheta sur la rue de Richelieu plusieurs terrains et l'hôtel de Brion ; J. H. Mansard éleva sur leur emplacement la magnifique galerie, décorée par Coypel ; sur les murs de cette galerie, quatorze tableaux représentaient l'*Énéide*.

En 1701, le duc de Chartres prit le titre de duc d'Orléans; il fut nommé régent du royaume le 2 septembre 1715; par suite de sa nomination de régent, le duc d'Orléans, n'ayant rien au-dessus de lui que l'opinion publique (et il la comptait pour peu de chose), se livra à toutes les débauches imaginables et inimaginables; le Palais-Royal fut converti en un bazar, il devint le quartier général de tous les roués qui entouraient Philippe et qui encourageaient ses infamies en renchérissant ; puis, pour brocher sur le tout, Dubois, le fameux cardinal Dubois, arriva.

En 1722, le Palais-Royal fut le théâtre de fêtes immondes et immorales, nommées *fêtes d'Adam*, un nom significatif.

Le duc de Richelieu nous a laissé une description de ces *fêtes :*

« Là, dit-il, se trouvoient des femmes publiques, conduites de nuit, les yeux bandés, pour qu'elles ignorassent le nom du lieu où elles étoient. Le Régent, *ses femmes* et ses roués, qui ne vouloient

point être connus, se couvroient de masques..
Je dois dire à ce sujet qu'on dit un jour en face de ce prince : *qu'il n'y avoit que le Régent et Dubois capables d'imaginer de pareils divertissements.*

« D'autres fois, on choisissoit les plus beaux jeunes gens de l'un et de l'autre sexe, qui dansoient à l'Opéra, pour répéter les ballets que le ton aisé de la société, pendant la Régence, avoit rendus si lascifs, et que ces gens exécutoient dans cet état primitif où étoient les hommes avant qu'ils connussent les voiles et les vêtements. Les orgies que le Régent, Dubois et ses roués appeloient *fêtes d'Adam*, ne furent répétées qu'une douzaine de fois, car le prince parut s'en dégoûter. »

Le Régent confia à Oppenort, son architecte, la construction d'un salon qui servit d'entrée à la vaste galerie édifiée par Mansard. Ces constructions furent démolies pour faire place au Théâtre-Français.

Louis, fils du Régent, fit replanter sur de nouveaux dessins le jardin du Palais-Royal.

La salle de l'Opéra fut incendiée en 1763.

De 1788 à 1789, le jardin du Palais-Royal devint le rendez-vous des républicains; ce fut un club en plein air. Camille Desmoulins se faisait remarquer entre tous les autres par sa verve, sa diction entraînante et son originalité.

Dans la journée du 12 juillet 1789, Camille eut un grand succès; il décida la foule à prendre les armes. Voici, du reste, comment Camille raconte cette curieuse scène :

« Il était deux heures et demie; je venais de sonder le peuple. Ma colère était tournée en désespoir. Je ne voyais pas les groupes, quoique vivement émus et consternés, assez disposés au soulèvement. Trois jeunes gens me parurent agités d'un plus véhément courage, ils se tenaient par la main, je vis qu'ils étaient venus au Palais-Royal dans le même dessein que moi; quelques citoyens passifs les suivaient : « Messieurs, leur dis-je, « voici un commencement d'attroupement civique, « il faut qu'un de nous monte sur une table pour « haranguer le peuple. — Montez. — J'y consens. » Aussitôt je fus plutôt porté sur la table que je n'y montai. A peine y étais-je, que me vis entouré d'une foule immense. Voici ma courte harangue, que je n'oublierai jamais :

« Citoyens, il n'y a pas un moment à perdre.
« J'arrive de Versailles. M. Necker est renvoyé : ce
« renvoi est le tocsin d'une Saint-Barthélemy de
« patriotes. Ce soir, tous les bataillons suisses et
« allemands sortiront du Champ-de-Mars pour
« nous égorger. Il ne nous reste qu'une ressource,
« c'est de courir aux armes et de prendre des co-
« cardes pour nous reconnaître. »

« J'avais les larmes aux yeux, et je parlais avec une action que je ne pourrais ni retrouver, ni peindre. Ma motion fut reçue avec des applaudissements infinis. Je continuai : « Quelle couleur voulez-vous? » Quelqu'un s'écria : « Choisissez! » — « Voulez-vous le vert, couleur de l'espérance? ou le bleu Cincinnatus, couleur de la liberté d'Amérique et de la démocratie? » Des voix s'écrièrent : « Le vert, couleur de l'espérance ! » Alors je m'écriai : « Amis! le signal est donné. Voici les espions de la police qui me regardent en face. Je ne tomberai pas du moins vivant entre leurs mains! » Puis, tirant deux pistolets de ma poche, je dis :

« Que tous les citoyens m'imitent ! » Je descendis étouffé d'embrassements, les uns me serraient contre leur cœur, d'autres me baignaient de leurs larmes. Un citoyen de Toulouse, craignant pour mes jours, ne voulut jamais m'abandonner. Cependant on m'avait apporté un ruban vert, j'en mis le premier à mon chapeau et j'en distribuai à ceux qui m'environnaient ; mais un préjugé populaire s'étant élevé contre la couleur verte, on lui substitua les trois couleurs, qui furent alors proclamées comme les couleurs nationales. »

Deux jours après, la Bastille n'existait plus.

En 1793, le Palais-Royal fut réuni au domaine.

Napoléon donna ce palais au Tribunat, qui en fit le lieu de ses séances. Le Tribunat ayant été dissous, le Palais fut réuni au domaine de la couronne.

Lors de l'invasion, les Russes et les Prussiens affectionnaient le Palais-Royal ; cela se conçoit, tout les y attirait : les jeux, les filles, etc., etc. Les fameuses *galeries de Bois* eussent été mieux nommées, les *galeries du Commerce*, car tout s'y vendait, la marchandise et les marchandes, et le tout à prix débattu.

Le jardin du Palais-Royal fut souvent le témoin muet de scènes sanglantes, dans le genre de celle-ci :

Un jeune Cosaque entra chez un bijoutier ; il y vola une bague valant environ dix francs.

A quelque temps de là, un officier vint chez ce même bijoutier et y acheta quelques menus objets ; cet officier étant accompagné de son ordonnance, laquelle était précisément le Cosaque voleur. Celui-ci fut reconnu par le bijoutier, qui le dénonça à l'officier ; l'officier, sans prononcer une parole, fit agenouiller le Cosaque, prit dans sa poche un pistolet, et, malgré les supplications des assistants, il fit sauter la cervelle du malheureux.

Le Palais-Royal a dans son intérieur plusieurs cafés célèbres à divers titres ; le plus ancien de tous, c'est le *café de la Rotonde* : il fut d'abord nommé *café du Caveau*, parce qu'il était sous terre.

Voici ce qu'en dit la *Correspondance secrète* :

« Le *Caveau* est le nom que l'on donne à un café, fort à la mode, placé dans un petit souterrain, arrangé avec goût, dans le jardin du Palais-Royal.

Il est tenu par le nommé Dubuisson. Les agréables, les oisifs, les habitués de l'Opéra et surtout les amateurs de bonnes glaces, dont il s'y fait un débit prodigieux, s'y rendent à différentes heures du jour ; quelques gens de lettres y viennent faire leur digestion, plus ou moins laborieuse. C'est un tribunal duquel on peut appeler à celui du bon sens, mais dont les décisions font toujours une impression momentanée. »

Le *café de Foy* fut ouvert, en 1749, par un ancien officier, M. de Foy.

Ce café était le rendez-vous de bien des illustrations, entre autres le peintre David, le chanteur Cerda, le danseur Dérivis, Carle Vernet, etc., etc.

Parmi tous ces brillants et joyeux habitués, on remarquait un tout petit vieillard, maigre, à l'aspect souffreteux, qui tous les matins et tous les soirs venait prendre une simple tasse de riz ; il se faisait si petit, parlait si peu, que personne ne faisait attention à lui ; on ne le connaissait que sous le nom de *l'homme à la houppelande*.

Un jour, cet homme cessa tout à coup de venir ; il resta une huitaine de jours absent ; puis, un beau matin, il revint, plus pâle, plus tremblant, ayant l'air d'avoir vieilli de dix ans, s'asseoir à *sa place* et demanda son riz. Quand il eut mangé, il s'en alla sans payer, la dame de comptoir ne dit rien. Un mois, deux mois se passèrent, le vieillard ne songeait jamais à payer.

Le maître de la maison donna l'ordre que l'on continuât à le servir, sans jamais lui rien demander.

L'homme à la houppelande vécut ainsi pendant plus d'une année ; puis, un matin, il disparut de nouveau.

Chacun pensa qu'il était mort dans quelque coin. Il fut vite oublié. Comme dit la ballade : Les morts vont vite.

Six mois plus tard, la dame de comptoir reçut un ballot à son adresse ; jugez de sa stupéfaction quand elle l'ouvrit : il contenait deux châles de l'Inde, rareté insigne pour l'époque. Au ballot était jointe une douzaine de balles de café.

C'était les remercîments du vieillard à la houppelande.

Ce malheureux était armateur, il attendait un

navire qui portait toute sa fortune ; on lui écrivit que le navire avait fait naufrage : c'est alors qu'il vécut de la charité de madame de Foy ; mais on l'avait trompé, son navire n'était pas perdu, il n'était qu'avarié ; c'est alors, quand son navire entra au port français, qu'il envoya les châles et le café.

Le *café Lemblin* date de 1805 ; ce café est devenu célèbre par les querelles qui y prirent naissance lors de l'invasion de 1815, querelles qui se terminaient par des duels souvent meurtriers, tels que celui du colonel Dufaï ; duels sans raisons, entre de braves gens qui n'avaient qu'un tort, celui d'oublier qu'ils étaient Français, avant d'être gardes du corps ou gardes impériaux.

Nous avons dit que le Palais-Royal s'élevait sur les ruines de l'hôtel d'Armagnac. L'auteur du *Journal de Paris*, sous le règne de Charles VI et de Charles VII, nous apprend que le dernier dimanche d'août 1425, dans l'hôtel d'Armagnac on enferma, dans un champ clos, quatre aveugles couverts chacun d'une armure et munis de gros bâtons. Un fort cochon enfermé avec eux devait être le prix de celui d'entre les aveugles qui parviendrait à tuer cet animal. Les aveugles frappaient au hasard à tour de bras et, voulant assommer le cochon, ils se portaient les uns aux autres des coups assez violents pour s'assommer entre eux, ce qui amusait beaucoup les spectateurs. « Ils se donnèrent, dit l'auteur cité, de si grands coups de bâton, que dépit leur en fit, car, quand les mieux *cuidoient* (croyaient) frapper le pourcel, ils frappoient sur l'autre, car, s'ils eussent été armés pour de vrai, ils se fussent tués l'un et l'autre. »

C'est le Palais-Royal qui posséda les maisons de jeu les plus célèbres.

Henri IV et Louis XIV avaient donné l'exemple des jeux, leurs successeurs les imitèrent. Le lieutenant de police de Sartine autorisa, en 1775, les maisons de jeu et leur donna une consistance qu'elles n'avaient jamais eue. Pour diminuer l'odieux de ces établissements et de son autorisation, le sieur de Sartine ordonna que les produits qui en résulteraient seraient employés à des œuvres de bienfaisance et à la fondation de quelques hôpitaux.

Voici ce que dit à ce sujet l'auteur de *la Police de Paris dévoilée* :

« C'est M. de Sartine, dont le valet de chambre a eu jusqu'à 40,000 livres de rente, qui le premier, sous le prétexte spécieux de rassembler tous les chevaliers d'industrie qu'il devait connaître, a fait ouvrir dans la capitale ces cavernes séduisantes dont la seule loi était, en se demandant la bourse, de ne point s'arracher la vie ; et comme l'or ne coule jamais si bien que dans la main des femmes, elles lui achetèrent le privilége du tapis vert. On imagine bien de quelles classes étaient celles qui destinaient leurs nuits à des escrocs. C'est une Latour, fille d'un laquais du président d'Aligre qui l'avait créée et mise au monde pour les menus plaisirs de son maître ; c'était une Démare, qui, servante de cabaret, avait pris de bonne heure le goût de tenir table ouverte ; c'était la Cardonne, blanchisseuse à Versailles, mère à treize ans ; c'était la Dufrène, qu'une bouquetière de Lyon étala longtemps comme des fleurs... Ces présidentes du biribi n'avaient que la peine de bercer leurs victimes, et elles en partageaient l'argent avec leurs bourreaux.

Les maisons de jeu créèrent des types. Le plus célèbre d'entre eux fut M. G..... Nous allons esquisser rapidement cette curieuse physionomie, cela complétera l'historique de ces infâmes tripots.

G... n'était pas guidé par l'amour du gain, il était guidé par la passion, mais la passion dans ce qu'elle a de plus ardent, de plus violent : un besoin incessant d'émotions poussait G... jusqu'au vertige.

De 1830 à 1838, il avait établi son domicile au Palais-Royal ; il n'en sortait jamais, son horizon était borné par la rue de Valois et la rue Saint-Honoré ; les numéros 9, 113, 129 et 154 étaient sa vie, son avenir, sa joie et ses espérances. Il y jouait le *trente-et-un,* ou *rouge et noir,* la *roulette,* le *kraps* et le *kreps* avec des chances diverses ; tantôt au faîte de la fortune et tantôt sans souliers ; malgré cela, toujours stoïque en apparence, quels que fussent les sentiments qui l'agitaient. Prodigue de sa nature, insouciant comme tout vrai joueur, G... était assis immobile à la table de jeu, dans laquelle ses membres paraissaient vouloir s'incruster ; son teint était pâle; ses regards fixés invariablement sur l'or amoncelé devant lui, ne se détournaient jamais; on l'eût pris pour un des juges infernaux.

G... était superstitieux comme une vieille femme; quand il jouait, il avait dans son chapeau, qu'il tenait sur ses genoux, une petite madone de plomb : lorsque la chance le favorisait, il la contemplait amoureusement, la caressait, l'appelait sa chère patronne, lui promettait des cierges, une robe de satin blanc, etc. Si au contraire il perdait, il la battait, la traitait abominablement... C'était un spectacle risible.

Un jour, G... avait perdu tout ce qu'il possédait, excepté pourtant une culotte de peau de daim qu'il portait constamment en guise de caleçon, afin de se préserver des rhumatismes; il engagea la culotte chez un juif qui restait au premier étage du 113; car, dans les maisons de jeu du Palais-Royal, la nature ou le hasard y avait placé tout ce dont l'homme pouvait avoir besoin : un restaurant, un coiffeur, un juif, *madame l'Evêque* et un armurier. Le juif prêta à G... cinquante francs, qu'il perdit.

G... descendait fort tranquillement en fredonnant un refrain bien connu :

Ami, l'or est une chimère !

lorsqu'il se heurta contre un individu.

— Butor !
— Butor vous-même !
— Monsieur !...
— Monsieur !... Tiens, c'est toi !

Et G... de tomber dans les bras de son interlocuteur. Ce monsieur qui arrivait là si à propos était un ancien camarade de collége : le premier mot de G... fut : — Prête-moi un louis ?

— Impossible, fit l'ami, je suis sans le sou ! Tu es le dernier homme qui me serre la main : je vais me tuer.

— En effet, je n'avais pas remarqué ton teint pâle, tes cheveux épars...

— Mon cher, je suis quartier-maître d'un navire de l'État, j'ai mangé la *grenouille* ; je n'ai plus qu'une ressource : au moment où tu m'as arrêté, j'allais à la Seine, il y reste assez d'eau pour laver ma honte.

— Oh ! c'est sérieux alors ; voyons, là, bien vrai, tu n'as plus d'espoir. Eh bien, bénis le hasard qui m'a placé sur ton chemin. Tu n'es pas à l'heure pour mourir ; donne-moi une demi-heure, je vais prier pour toi. Pendant ce temps, et pour te faire prendre patience, entrons chez Véry.

Bras dessus, bras dessous, voilà nos deux gaillards entrant au restaurant. G... commanda un dîner de douze couverts : « Tout le service en argent ! » dit-il au maître de la maison. Ce dernier fit mettre le couvert demandé, avec d'autant plus d'empressement, qu'il soupçonnait G... en veine, et qu'il savait par expérience qu'il ne regardait pas à la dépense. « Ah ! à propos, dit G..., faites monter de l'absinthe et des cigares. »

Quand le couvert fut mis, G... ramassa l'argenterie, la mit dans ses vastes poches, enferma son ami, puis dit en passant devant le comptoir : « Mes convives ne viennent pas, je vais les chercher. »

G... alla chez Joseph le changeur, et engagea l'argenterie pour la somme de deux mille francs.

Muni de cette somme, il monta au 113.

Dans un des coins de la table se tenait un vieux

joueur ruiné, qui, ne pouvant plus jouer, se contentait de suivre les coups sur une carte qu'il tenait à la main ; en voyant entrer G..., il se dirigea vers lui, et lui dit : « Voilà vingt fois que la rouge passe, prenez la noire ! » G..., ébloui, fasciné, jeta ses deux billets de banque sur le tapis : la noire sortit ; il rejoua, et gagna encore ; bref, en vingt minutes il avait gagné une centaine de mille francs. Il sortit, mais sur le seuil de la porte le vieux joueur l'attendait ; il lui tendit son chapeau graisseux et murmura : « Monsieur, n'oubliez pas le vieux joueur, s'il vous plaît ! » G... lui jeta une poignée de louis, puis il alla dégager l'argenterie ; ramassa dans le jardin une douzaine de drôles et de drôlesses, et rentra chez Véry.

En passant devant le comptoir, G... dit à haute voix : « Ma parole d'honneur, c'est incroyable de se faire attendre comme cela... Enfin servez ! »

Boumm !

Toute la bande soupa joyeusement. G... donna à son ami la somme nécessaire pour combler son déficit, emmena tout son monde au Vaudeville, donna cent sous à chaque marchande d'oranges.

A minuit, il les quitta, remonta au jeu, et deux heures plus tard il se couchait sans bougie n'ayant pas de quoi en acheter une.

Une nuit, G... avait rêvé une combinaison infaillible : il emprunta l'argenterie d'une dame mariée de ses amies ; mais cette fois sa combinaison ne lui réussit pas, il perdit tout.

Grand désespoir de la dame : comment avouer cela à son mari? G... lui écrivit : « Espérez ! » mais rien ne venait ; autre surcroît de soucis, son mari lui annonça que le soir même il donnait un grand dîner.

La dame écrivit encore une fois à G..., puis prétexta une migraine, la grande ressource des femmes embarrassées ; malheureusement la migraine, si forte qu'elle soit, ne peut pas remplacer des couverts.

L'heure fatale avançait, les convives étaient au complet, la bonne était allée trouver madame et lui avait dit que, malgré les recherches les plus actives, il était impossible de trouver l'argenterie. Madame répondit à tout hasard : « Je vais descendre et sans doute nous la retrouverons. »

Madame descendit, et tout à coup G... apparut portant sous un bras une petite caisse longue. Avec un aplomb merveilleux, il entra au salon, salua l'assistance; puis, s'adressant au maître de la maison, il lui dit : « Mon cher, vos domestiques ne surveillent guère votre maison ; il y a une heure je suis entré ici, personne pour m'annoncer : la salle à manger était ouverte, le couvert mis, j'eus la pensée d'emporter votre argenterie; la voici... Vous avez de la chance que ce soit moi! »

G... avait sauvé la situation; la dame fut charmante, sa migraine avait disparu comme par enchantement.

Le 1er janvier 1838 fut un jour fatal pour G..., les maisons de jeu furent fermées, sans exception : le Palais-Royal, Frascati, le Salon et Marivaux.

Sur la porte du 113, quelques jours avant sa fermeture, on avait trouvé le quatrain suivant :

> Il est deux portes à cet antre :
> L'espoir, l'infamie et la mort;
> C'est par la première qu'on entre
> Et par la dernière qu'on sort.

Mais revenons au Palais-Royal. Il y a là une foule de restaurants à prix fixe ; assurément, ils n'ont jamais nourri le baron Brisse... les gourmets ne vont pas là. Mais passons : par le temps qui court, beaucoup n'ont pas 1 franc 60 pour y aller manger du mouton mariné qui, dans le court trajet de la cuisine à la salle, se transforme en chevreuil !

Aujourd'hui, le Palais-Royal est habité par le prince Napoléon. Il y a bien encore, par-ci, par-là, quelques filles qui y errent, quelques filous qui s'y promènent ; mais la civilisation a balayé toutes les impuretés que l'ignorance y avait déposées.

XXIII

L'ÉCHAFAUD

XXIII

L'ÉCHAFAUD

De temps en temps, Paris est ensanglanté par un grand criminel, un Lemaire ou un Philippe; les journaux, pour contenter leurs abonnés, suivent le criminel pas à pas depuis Mazas jusqu'à la cour d'assises, et de la cour d'assises à l'échafaud; ils notent les faits et gestes du misérable; ils satisfont la curiosité des uns et excitent celle des autres; aussi, huit jours avant une exécution, la place de la Roquette est envahie par une foule considérable qui vient y faire *queue.*

La place de la Roquette est, du reste, merveilleusement appropriée pour une exécution : à droite, une prison, le dépôt des condamnés; à gauche, encore une prison, celle des jeunes détenus; en face et à perte de vue, un océan de tombes, l'autre monde, le cimetière du Père-Lachaise. C'est dommage qu'on n'enterre pas là les suppliciés, du moins le condamné pourrait regarder sa place!

J'ai assisté à une exécution, à celle de Philippe; la voici telle que je la racontai le lendemain dans le journal la *Liberté :*

« Minuit. — La place de la Roquette, lieu ordinaire des exécutions, est garnie d'une foule compacte, les sergents de ville peuvent à peine la contenir. Les curieux arrivent par bandes de dix, douze, se tenant par le bras, chantant, munis de provisions ; la plupart sortent des théâtres ou des cafés, car la nouvelle de l'exécution s'était répandue dans Paris avec la rapidité de l'éclair.

« Les ouvriers montent la machine ; le bruit du maillet enfonçant les boulons retentit sonore et lugubre ; la foule chante et rit, sans songer qu'à cent pas d'elle un criminel dort peut-être paisiblement, et que dans quelques heures il aura cessé d'exister.

« UNE HEURE. —Le flot des curieux s'étend toujours. Les femmes sont nombreuses ; elles apportent des chaises pour *mieux voir* ; de tous côtés, les chants continuent accompagnés du cliquetis des verres.

« DEUX HEURES. — La place présente un aspect curieuy ; on dirait un campement. Les trottoirs sont envahis par les dormeurs, qui gisent pêle-mêle ; ceux qui sont éveillés plaisantent grossièrement sur l'attitude probable du condamné. Ils commencent à s'impatienter ; ils crieraient volontiers, comme à l'Ambigu : *La toile!* L'échafaud a son public, foule immonde, qui se rue comme des fauves pour voir le sang de plus près.

« TROIS HEURES. — La circulation devient impossible. Les troupes arrivent : plusieurs escadrons de la garde de Paris, quatre officiers de paix et leur brigade. Immédiatement la haie est formée, le flot des curieux est refoulé jusqu'aux deux extrémités de la place ; chacun crie, pousse, réclame : *On ne verra pas !*

« QUATRE HEURES. — Le jour arrive, il éclaire de ses pâles reflets cette masse confuse qui attend

18

l'heure. Un bruit sinistre, agaçant, parvient jusqu'à moi : c'est le couteau qu'on aiguise. La foule chante et rit de plus en plus !

« Cinq heures. — L'heure approche ; un tumulte effroyable se produit, chacun veut voir aux dépens de son voisin. Les femmes crient, les enfants se plaignent, les chevaux se cabrent ; il faut contenir cinquante ou soixante mille individus, venus là dans l'*espoir* de voir.

« Cinq heures vingt minutes. — Philippe dort très-paisiblement ; il s'était couché seulement à cinq heures, vaincu par la fatigue ; il a fallu le frapper deux fois sur l'épaule pour le réveiller. Le directeur lui apprit le rejet de son pourvoi : une légère rougeur colora le visage du condamné.

« Quatre gardiens le firent lever et lui retirèrent la camisole de force, pour le revêtir de la chemise qui doit lui servir de linceul.

« Philippe passa lui-même sa chemise et la boutonna ; il était si heureux de sentir ses membres libres qu'il oublia un instant sa position.

« Le directeur de la prison, l'abbé Croze et M. Claude l'accompagnent. Le triste cortége semet en marche vers la chapelle ; Philippe y entend une messe basse, et de là il est conduit à la salle où la toilette doit lui être faite. Cette salle a été souvent décrite, mais son aspect change à chaque exécution.

« C'est une salle longue d'environ vingt mètres, large de deux. Pour tous meubles, un banc de bois, un pupitre et un escabeau.

« Le prêtre lit très-haut, tandis que les exécuteurs procèdent à la toilette. L'heure avance, la foule impatiente ondule et se pousse ; la grande porte s'ouvre, et le malheureux apparaît, escorté du prêtre et des deux aides du bourreau ; un grand silence s'établit : ce n'est pas le respect de la mort... c'est pour ne rien perdre de vue que personne ne parle.

« Philippe embrasse le prêtre, marche d'un pas assuré, sans forfanterie, sans hésitation, pâle, mais ferme ; il gravit les degrés, les aides s'emparent de lui, et... SIX HEURES SONNENT !... »

Il faisait très-froid, le matin de l'exécution de Philippe : pour m'abriter du vent, je m'étais mis auprès du fourgon qui sert de corbillard au supplicié; à côté de moi, il y avait un sinistre personnage armé de son fouet, le cocher de la chose; cet homme me disait : « Je ne comprends pas qu'on vienne pour voir ça, c'est toujours la même chose ! Si, comme moi, ils l'entendaient sauter dans le panier, tout le long du chemin, à la bonne heure !

Est-ce assez cynique !

A Paris, les bois de justice, autrement dit la guillotine, est remisée rue Folie-Regnault, une rue déserte et sombre, parfaitement appropriée pour loger une telle chose. Les amateurs d'exécutions connaissent cela, ils vont regarder au travers des volets et, s'ils voient de la lumière, ils courent en toute hâte chercher leurs amis et connaissances ! C'est pour demain !

C'est pour demain ! comme cela est affreux. En effet, la veille d'une exécution le bourreau inspecte la machine.

Le bourreau, M. Heindrich, est un très-bel homme, toujours habilé de noir; il est, dit-on, médecin de la Faculté d'Iéna; mais qu'il soit médecin ou qu'il ne le soit pas, je ne voudrais pas qu'il me signât une ordonnance, car sa signature vous fait perdre la tête.

Quelques minutes avant l'exécution, il signe le reçu du condamné sur le registre du greffe. J'ai vu sa signature au bas des noms d'Orsini et de Pierry : elle est plus nette assurément que si je signais mon contrat de mariage.

Le bourreau a deux aides : l'un, M. Alexandre, est un grand gaillard qui ressemble à s'y méprendre au premier quartier de la lune, tel qu'on le représente dans l'*Almanach liégeois* ; l'autre, M. Doubleau, est un tout petit homme qui a l'aspect d'un bon bourgeois : c'est lui qui porte le sac de nuit pour le grand voyage du condamné ; dans ce sac sont les ciseaux qui servent à faire la toilette, les entraves qui attachent les jambes et les ficelles qui lient les mains.

Le bourreau ne touche jamais au condamné, ce sont les aides qui sont chargés de cette besogne.

Le hasard a voulu que j'assistasse à une toilette. J'avoue que c'est la chose la plus horrible du monde ; c'était dans l'hiver, il pleuvait ; le temps était tellement sombre, qu'il fallut allumer une lampe et une chandelle, la lampe pour éclairer les aides, la chandelle pour le prêtre.

Comme je l'ai dit, la salle funèbre est longue et très-étroite ; une porte est au fond ; le condamné était assis sur l'escabeau au milieu de la salle ; la pluie fouettait vigoureusement les vitres de l'unique fenêtre, le vent faisait craquer le bois, les ciseaux grinçaient, le prêtre lisait d'une voix émue et tremblante : « Celui qui se sert de l'épée périra par l'épée. » Nous étions sept dans cette salle ; le malheureux cherchait à lire sur nos visages celui qui devait le frapper. Toute cette besogne avançait lentement, le condamné fit un soubresaut, je suivais machinalement son regard, et dans la pénombre de la porte du fond je vis le bourreau, appuyé sur les chambranles, qui consultait sa montre et qui semblait dire aux aides : Allons, il est six heures moins cinq : ça ne marche pas !

Et dire que la place de bourreau est enviée ! La preuve : quand le prédécesseur de M. Heindrich se retira, *deux cents* demandes au moins sollicitaient la FAVEUR de cette place. Voilà des solliciteurs qu'on aimerait à connaître.

L'historique de la guillotine est une chose curieuse.

L'année dernière, M. Dubois, secrétaire de l'Académie de médecine, lut devant ce corps savant les recherches historiques qu'il avait faites sur l'origine de notre instrument de supplice.

Suivant M. Dubois, ce ne serait pas le médecin Guillotin, qui aurait inventé la sinistre machine qui porte son nom. Guillotin aurait seulement émis le vœu de voir substituer à la hache ou au glaive employés pour la décapitation un mode d'exécution tel, que les condamnés n'auraient plus à redouter les lenteurs, les incertitudes et la maladresse des bourreaux.

Ce n'est qu'en 1791, sur la proposition de Lepelletier Saint-Fargeau, qu'un décret de l'Assemblée établit que la décapitation aurait lieu au moyen d'une machine.

Un comité de législation fut formé dans le sein de l'Assemblée nationale.

Ce comité mit à l'étude la question du mode d'exécution des condamnés à mort. Le vote provoqué par Guillotin avait supprimé la pendaison;

la décapitation étant maintenue, il restait à déterminer quel moyen on emploierait.

Il fallait que la décapitation pût s'exécuter de telle sorte que la section fût immanquable, rapide et accessible à la vue de tous.

Le comité de législation, pour arriver à ce résultat, pensa qu'il devait s'adresser à un grand chirurgien, et, comme l'Académie de chirurgie renfermait encore l'élite des praticiens de Paris, il alla demander une *consultation* motivée et écrite, à son secrétaire perpétuel.

C'était dans les premiers jours du mois de mars 1792.

Ainsi, il est bien entendu qu'on voulait la décapitation, mais sous trois conditions. la *sûreté*, la *célérité* et l'*uniformité*, le *tuto* et le *cito* des chirurgiens. Louis accepta la mission que lui donnait les législateurs ; sa *consultation* fut rédigée et signée le 7 mars, puis remise au comité de législation, qui en donna lecture à l'Assemblée nationale le 20 mars 1792. On la trouve textuellement reproduite dans le MONITEUR du 22 mars.

La voici :

ASSEMBLÉE NATIONALE LÉGISLATIVE.

Séance du 20 mars 1792.

« M. Carlier, député de l'Aisne, au nom du
« comité de législation, fait la seconde lecture d'un
« projet de décret que l'Assemblée, après en avoir
« décrété l'urgence (*sic*), adopte sans discussion
« en ces termes :

« L'Assemblée nationale décrète que l'article 3
« du titre Ier du Code pénal sera exécuté suivant
« la manière indiquée et le mode adopté par
« la consultation signée du secrétaire perpétuel
« de l'Académie de chirurgie, laquelle demeure
« annexée au présent décret. En conséquence, au-
« torise le pouvoir exécutif à faire la dépense pé-
« cuniaire pour parvenir à ce mode d'exécution. »

CONSULTATION DU SECRÉTAIRE PERPÉTUEL
DE L'ACADÉMIE.

« Personne n'ignore que les instruments tran-
« chants n'ont que peu ou point d'effet, lorsqu'ils
« frappent perpendiculairement. En les examinant
« au microscope, on voit qu'ils ne sont que

« des scies plus ou moins fines, qu'il faut
« faire agir en glissant sur les corps à diviser;
« on ne réussirait pas à décapiter d'un seul coup
« avec une hache ou couperet dont le tranchant
« serait en ligne droite, mais avec un tranchant
« convexe, comme aux anciennes haches d'armes;
« le coup asséné n'agit perpendiculairement qu'au
« milieu de la portion du cercle, mais l'instrument,
« en pénétrant dans la continuité des parties
« qu'il divise, a sur les côtés une action oblique en
« glissant et atteint sûrement son but. En consi-
« dérant la structure du cou, dont la colonne ver-
« tébrale est le centre composé de plusieurs os
« dont la connexion forme des enchevauchures,
« de manière qu'il n'y a pas de joints à chercher,
« il n'est pas possible d'être assuré d'une prompte
« et parfaite séparation en la confiant a un agent
« susceptible de varier en adresse par des causes
« morales et physiques; il faut certainement, pour
« la certitude du procédé, qu'il dépende de moyens
« mécaniques invariables, dont on puisse également
« déterminer la force et l'effet ! C'est le parti qu'on
« a pris en Angleterre.

« Le corps du criminel est couché sur le ven-
« tre, entre deux poteaux barrés par le haut par
« une traverse d'où l'on fait tomber sur le cou la
« hache convexe au moyen d'une déclique. Le dos
« de l'instrument doit être assez fort et assez lourd
« pour agir efficacement comme le mouton qui
« sert à enfoncer les pilotis ; on sait que sa force
« augmente en raison de la hauteur d'où il tombe.

« Il est aisé de faire construire une pareille ma-
« chine dont l'effet sera immanquable. La déca-
« pitation sera faite en un instant, suivant le vœu
« et l'esprit de la loi. Il sera facile d'en faire l'é-
« preuve sur des cadavres et même sur un mou-
« ton vivant. »

« Consulté à Paris, le 7 mars 1792.

« LOUIS,

« Secrétaire perpétuel de l'Académie de chirurgie. »

Dans les journaux du temps, nous trouvons que la discussion ouverte par l'idée du docteur Guillotin se termina par un immense éclat de rire. Guillotin, répondant à quelques objections, le provoqua en disant : « Plus de pendaison ! Moi, avec
« ma machine, je vous fais sauter la tête en un clin

« d'œil, sans que vous ayez le temps de vous en
« apercevoir! »

Parmi les rieurs, plus d'un se trouvait destiné à faire, quatre ans plus tard, l'expérience de cet instrument.

Louis ne devait pas s'en tenir à sa consultation : de la théorie, il fallait passer à la pratique. Des expériences furent faites à l'hospice de Bicêtre. Il y avait alors à Paris un mécanicien allemand du nom de Schmidt; il construisit la machine d'après les indications de Louis et avec l'aide du charpentier du domaine. Une commission nommée par le département assistait à ces expériences.

Cabanis était au nombre des commissaires. Nous lisons, dans sa relation, que Louis avait fini par donner une direction oblique au tranchant du couperet; le poids seul du couperet, sans le secours du mouton de 30 livres qui s'y adaptait, tranchait la tête des cadavres avec la vitesse du regard et en coupant les os de la manière la plus nette.

Ces expériences furent faites, sous la direction de Samson, le 15 avril 1792.

La machine ne devait pas rester inactive, le bourreau en prit possession.

La consultation de Louis avait été soumise le 20 mars 1792 à l'Assemblée nationale; un mois environ après, le 25 avril, on exécutait un voleur de grands chemins nommé *Pelletier*.

A partir de ce jour, le règne du bourreau était inauguré.

Ce fut *Pelletier*, rédacteur en chef des *Actes des Apôtres*, qui donna à ce terrible instrument le nom qu'il porte aujourd'hui. Il inséra dans son journal quelques vers épigrammatiques *sur l'inimitable machine du médecin Guillotin*, dite Guillotine.

Plus tard, on voulut l'appeler *Louison*, du nom de M. Louis; mais l'instrument eût été aussi improprement nommé, car aucun d'eux n'est le véritable inventeur de ce genre de supplice. En Angleterre, ce mode de décapitation était connu avant l'année 1650; il existe des gravures de l'époque qui en font foi.

A Edimbourg, une semblable machine a été en usage; elle se nommait *la Pucelle;* elle servit, pour la dernière fois, en 1685, à l'exécution du comte d'Argyle, qui, en posant ses lèvres sur le fatal madrier, prétendit que c'était la plus charmante pucelle qu'il eût jamais embrassée.

Ramsle Holme, dans un ouvrage intitulé : *Academy of armoury* (1678), fait mention des armoiries d'une certaine famille qui ont bien pu donner à Louis et à Guillotin l'idée de la guillotine actuelle. Voici comment Holme décrit ces armoiries : « *Portant de gueules un billot à décapiter fixé entre deux supports, dans la partie supérieure desquels est engagée une hache ; du côté sénestre un maillet.* »

Si la guillotine a existé en Angleterre et en Italie, nous trouvons, dans les *Mémoires de Puységur*, que le maréchal de Montmorency fut décapité à Toulouse, en 1632, par un instrument semblable à la guillotine.

Ajoutons que Mirabeau n'avait pas dédaigné, si nous en croyons les mémoires du temps, de s'occuper de la création d'une machine à décoller ; le fougueux orateur avait adopté les conclusions de Guillotin, sans toutefois en adopter le système proposé; dans le courant de 1791, il fit construire un modèle de machine qui reçut son nom et s'appela *la Mirabelle*.

Un couplet satirique de 1792 fait dire « aux citoyens français » :

> Nous aurons la mâtine
> De guillotine,
> Quel coup de chien !
> Ou nous aurons la belle
> Mirabelle ;
> Eh bien !
> Avec celle-ci, avec celle-là,
> La la,
> Nous le danserions belle,
> Vous m'entendez bien !

Inutile de dire que Mirabeau ne poursuivit pas son idée.

Le système de décollation a donné lieu à beaucoup de controverses. Étant admis que la loi a le droit d'appliquer la peine de mort, le condamné meurt-il instantanément ?

Le professeur Vulpian, dans son cours du Muséum, a reproduit l'essai de Brown Sequart. « Si un savant, dit-il, tentait la même expérience sur une tête de supplicié, il assisterait à un grand et terrible spectacle : il pourrait rendre à cette tête ses fonctions cérébrales; il pourrait réveiller dans les yeux et les muscles faciaux les mouvements qui, chez l'homme, sont provoqués par les passions et les pensées dont le cerveau est le foyer. »

Des expériences toutes récentes faites sur les quatre suppliciés du *Fœderis-Arca* ont démontré la persistance de la contractilité au cœur dans les uretères, dans l'aorte surtout, où elle est très-sensible. Cette contractilité se manifestait par le simple toucher.

La contractilité musculaire était si intense encore, après plus de vingt minutes, qu'à l'aide d'un courant d'induction, un des médecins a fait grimacer horriblement les quatre têtes; celles de deux des suppliciés prenaient des expressions épouvantables.

Un crayon placé entre les dents d'un d'entre eux a été mordu avec une si grande force, qu'il s'est rompu comme du verre; il a été coupé et broyé d'un seul coup.

XXIV

LE PREMIER NOVEMBRE

XXIV

LE PREMIER NOVEMBRE

Tous les ans, à la Toussaint, les cimetières de Paris présentent un spectacle inaccoutumé : des gardes municipaux en grande tenue, des agents de police maintiennent l'ordre et font circuler la foule. Autour des cimetières, des marchands de toutes sortes vendent leurs produits, des couronnes et des fleurs pour les morts, de la galette et du vin bleu pour les vivants.

Cent cinquante mille personnes environ visitent le Père-Lachaise (cimetière situé ancienne barrière des Amandiers); et, chose remarquable, la majeure partie de ces visiteurs sont des gens appartenant à la classe ouvrière.

Le 1ᵉʳ novembre est une date funèbre pour beaucoup de familles, l'orphelin et la veuve se coudoient, les cimetières sont le rendez-vous de tous ceux qui souffrent, c'est pour cela que les cimetières deviennent trop petits.

Je ne sais rien de plus triste que tout ce monde vêtu de noir, recueilli, errant dans ces sombres allées, se ressouvenant de ceux qui ne sont plus, de leurs qualités, et oubliant toujours leurs défauts.

Ils sont heureux ceux qui peuvent satisfaire leur douleur en déposant une couronne sur la tombe de l'être regretté! Combien viennent là sans savoir où gisent ceux qu'ils ont aimés !

Dans le milieu du cimetière, une immense croix de pierre dresse ses grands bras chargés de couronnes. Cette croix est entourée d'une pelouse circulaire dont l'herbe disparaît sous les objets de toutes sortes que les visiteurs y apportent : croix de buis, médaillons de zinc, statuettes de plâtre, etc., etc.

Une foule s'y agenouille : ceux-là sont les malheureux, ils n'ont pu donner à leurs morts que la fosse commune. La fosse commune ne dure que cinq ans, le souvenir est éternel !

Les Français sont le peuple qui a le plus de respect pour ses morts : la preuve, chacun se découvre sur le passage d'un corbillard, si pauvre qu'il soit.

C'est un sentiment instinctif, on salue l'homme qui n'est plus ; de son vivant, on eût peut-être marché sur lui.

Dans les Pyrénées, le jour des Morts donne lieu à une touchante cérémonie. Quand chacun a prié sur la tombe de ceux ou de celui qu'il regrette, on va en procession prier sur la tombe de l'abandonné ; tombe qui se reconnaît facilement aux grandes herbes qui y croissent en abondance, aux branches touffues et désordonnées qui y poussent ; chacun se met à l'œuvre, la mauvaise herbe est vite arrachée, les branches sont vite taillées, et quelques fleurs restent toute l'année comme témoignage fraternel de la douleur et du besoin d'expansion naturel à tous ceux qui pleurent.

Dans certains cimetières, il est des tombes privilégiées, elles reçoivent les hommages de la foule. Au Père-Lachaise, Béranger, Alfred de Musset et Élisa Mercœur sont visités par les poëtes et par la jeunesse qui murmure, en manière de prière, une strophe ou un joyeux refrain.

Les amoureux vont déposer une couronne ou un bouquet de violettes à la grille d'Héloïse et Abélard, en demandant mutuellement de n'avoir jamais un pareil sort.

Au cimetière Montparnasse, les quatre sergents de la Rochelle reçoivent, le jour des Morts, un nombre considérable de cartes de visite. Hégésippe Moreau a sa pauvre pierre envahie par des amis qui répètent tout bas ou la *Fauvette du Calvaire* ou son *Isolement*, deux cris de l'âme.

Bocage, l'acteur aimé de la génération fougueuse de 1830, le sublime créateur d'*Antony*, d'*Ango*, l'interprète de tant de chefs-d'œuvre, n'est pas oublié par ceux qui rendent hommage au talent et au citoyen.

Au cimetière Montmartre, on honore Manin, madame Emile de Girardin, née Delphine Gay, Godefroy Cavaignac, Halévy, Armand Marrast, Henri Mürger, et tant d'autres plus ou moins illustres que j'oublie, mais qui heureusement ne sont pas oubliés par d'autres.

APPENDICE

PARIS

Jacques Sanguin, prévôt des marchands de la ville de Paris sous Henri IV, vers 1592, s'exprimait ainsi sur le compte de la ville de Paris :

« Sire, on vous a dict que le populaire de Paris était turbulent et dangereux; ôtez-vous cela de l'esprit. Sire, voilà vingt années ou à peu près que je m'occupe d'administration ; or, il m'est de science certaine qu'on insulte méchamment vostre bonne ville de Paris.

« Elle renferme, il est vray, deux sortes de populaire bien dissemblables et d'esprit et de cœur. Le vray populaire, né et élevé à Paris, est le plus laborieux du monde, voire même le plus intelligent; mais l'aultre, Sire, est le rebut de toute la France. Chaque ville de vos provinces a son égout qui amène ses impuretés à Paris.

« Par exemple, une fille se fait-elle engrosser à Rouen, vite elle prend le coche et vient débarquer à Paris, où elle ensevelit sa honte. Elle met au monde un petit estre, et c'est le Parisien qui nourrit cet enfant que le Normand a eu le plaisir de faire ; puis on dict : *Le Parisien ayme la cotte !*

« Un homme a-t-il volé à Lyon, pour échapper à la police, il vient se cacher à Paris, et comme le mestier de voleur est le plus lucratif par le temps qui court, il coupe les bourses de plus belle. S'il est pris, voicy ce qui arrive. C'est le Parisien qui est le volé, qui nourrit le Lyonnais qui est le voleur, et l'on dit en province : *Il n'y a que des bandits à Paris!*

« Un Marseillais a-t-il assassiné. Paris est son refuge et son impunité ; s'il occit encore quelqu'un, c'est-à-dire un Parisien, la province dict : *Il y a plus d'assassineurs à Paris, que dans tous le restant de la France !*

« Sire, il est temps que cela finisse. La ville de Paris ne doict plus estre l'hostellerie des ribaudes et des bandits de vos provinces. Que des lois énergiques rejettent cette écume hors de la ville, afin que le flot parisien reprenne sa transparence et sa pureté. »

A deux cent cinquante ans de distance, voici l'opinion de M. Haussmann, préfet de la Seine, sur la ville de Paris :

« Au milieu de cet Océan aux flots toujours agités et renouvelés, il y a une minorité considérable sans doute de Parisiens véritables, qui formeraient, si l'on pouvait les discerner et les saisir, l'élément constitutif d'une commune ; mais isolés les uns des autres, changeant avec une extrême facilité de logements et de quartiers, ayant leur famille dispersée sur tous les points de Paris, ils ne s'attachent guère à la mairie d'un arrondissement déterminé, au clocher d'une paroisse particulière ; quels moyens auraient-ils, d'ailleurs, de se reconnaître et de s'entendre sur les vrais intérêts communaux ? »

Le P. Félix connaissait certainement l'opinion de M. Haussmann, lorsqu'il prononça les paroles suivantes, qui sont extrêmement justes.

« Malheur aux sociétés où se multiplient de jour en jour les populations qui n'ont pas de foyers à défendre, de berceaux à protéger, ni de tombes à honorer... Voulez-vous savoir ce qu'il y a de plus rare à Paris? On dit que ce sont les Parisiens. Ce n'est pas un jeu de mots que je fais sur nos malheurs, il serait trop cruel. C'est un signe des temps qui alarme mon cœur sur les destinées de ma patrie! Je me demande ce qu'il doit advenir, tôt ou tard, de ce cœur de la France, centre de la vie moderne, qui perd avec l'amour de la famille et le culte du foyer la plus ferme défense de la patrie?

« L'homme qui n'a pas de foyer, presque toujours est un homme dangereux; il se sent seul, et facilement il prend en haine la société, qu'il accuse de son isolement. Rien ne le rattache à sa patrie; il ne tient ni au passé ni à l'avenir, il n'y a pour lui que le jour qui passe. Si le malheur vient à le toucher, il croit sentir sur lui la main cruelle d'une société qui le broie; il sent que son cœur contre elle amasse des colères. Et dès lors toute sa force, s'il a de la force; tout son génie, s'il a du

génie, ce n'est plus pour la société une défense :
c'est un danger; ce n'est pas un bouclier prêt à
la couvrir : c'est un glaive prêt à la frapper ! »

Que résulte-t-il de ces divers jugements prononcés par trois hommes éminents à divers titres ?

Il en résulte qu'on a toujours confondu Parisiens avec gens habitant Paris.

Seul, l'abbé Galiani a qualifié Paris de son vrai nom : *Paris est le café de l'Europe.* Paris est le rêve de tous ceux qui ont une ardente soif de gloire, de tous ceux qui ambitionnent la fortune et les honneurs. Comme sous le prévôt J. Sanguin, Paris est le refuge de tous ceux qui ont une faute, une honte ou un crime à cacher. Paris est le pays des contrastes les plus étranges...

Sur les boulevards pas assez d'or, de marbres, de sculptures pour les maisons qui deviennent des palais ; des boutiques splendides qui recèlent des richesses immenses bordent la voie ; des cafés luxueux regorgent de consommateurs, ils reversent leur trop-plein sur les trottoirs garnis de tables : là, les flâneurs s'étalent sans façon engênant les passants; en face d'eux, sur des chaises, sont assises jusqu'à une heure avancée de la nuit des femmes aux gestes provocants, aux regards cyniques, usées, fanées, maquillées, flétries... Mais passons. — A mille mètres de là, des masures, des garnis sordides et puants, qui abritent vingt hommes à la fois dans une même chambre : ces hommes représentent le travail ; puis la misère, la prostitution en robe d'indienne, à la voix rauque, éraillée, avinée ; ici la ride ne se cache pas sous un savant maquillage ou sous une discrète voilette, elle s'étale sous un bonnet de mousseline, devant un comptoir de marchand de vin, à l'*Assommoir*... Passons encore plus vite !

Les faubourgs Saint-Antoine, du Temple, Saint-Marcel sont une ruche le matin, un cimetière le soir; aux faubourgs Saint-Germain, Saint-Honoré, c'est le contraire : cela tient à ce que les habitants des faubourgs Saint-Antoine, du Temple et Saint-Marcel sont des travailleurs, et qu'ils sont forcés de se lever quand les habitants des faubourgs Saint-Germain et Saint-Honoré se couchent. La dure nécessité commande au travailleur : s'il dort, pas de pain pour le lendemain, pas de feu... rien, rien !

Depuis cent ans et plus, il en est ainsi ; tout le monde crie : La misère est grande ! les pauvres, parce qu'ils ne peuvent se donner le nécessaire ; et les riches, parce qu'ils ne peuvent se donner le superflu. Malgré cela, les théâtres sont pleins ; mais, hélas ! les hôpitaux le sont aussi. Dans les deux endroits, on refuse du monde ; si les cafés regorgent, les prisons débordent. Ah ! par exemple, là on ne refuse jamais personne.

Les filles de portier vont au Conservatoire ; et les bacheliers, faute d'emploi, sont obligés pour vivre de s'établir, dans une échoppe, écrivains publics, ou de se faire conducteurs d'omnibus...

Paris est divisé en deux camps : celui des dupes et celui des fripons ; on est toujours dans l'un avant de passer dans l'autre. Ceux qui ne sont pas assez audacieux ou qui sont trop honnêtes traînent leurs guenilles dans la boue ; les misérables ou les malins ont le haut du pavé, ils envahissent les trottoirs (ils ont cela de commun avec les prostituées). On ne leur demande jamais : De quoi vivez-vous ?

Qui êtes-vous? — mais : Que possédez-vous?

Paris, comme tous les grands centres, est exploité par une foule d'individus qui ont pris pour devise le fameux proverbe arabe :

> Celui qui doit et qui ne paye pas,
> C'est comme s'il ne devait pas.

Tel qui ferait des faux pour solder une dette de jeu, ne paye pas ses fournisseurs, sans songer que ceux-ci ont une famille à nourrir, et que la faillite dont ils sont la cause n'atteindra que le travailleur trop confiant, et non le *dévoreur*. Bah ! Paris est si grand, le *dupeur* changera de quartier : le déménagement, c'est l'éponge qui efface le passé.

Paris est entouré de boulevards extérieurs (les anciennes barrières), dont la physionomie n'est pas à dédaigner ; les plus remarquables sont : les boulevards de la Villette, de Montparnasse et de Batignolles.

Les habitants de Paris ne se doutent guère de ce qu'il y a là. C'est une mine inépuisable pour l'observateur.

A la Villette, les Allemands et les Alsaciens dominent : ils sont tous venus à Paris, sinon pour faire fortune, du moins pour amasser quelque argent. Ils sont, pour la plupart, balayeurs de père en fils. Dès deux heures du matin, on les voit s'abattre sur Paris, le balai ou la pelle sur l'épaule, ils vont nettoyer la capitale; les gamins les appellent ironiquement : *les lanciers de M. le préfet.*

Cette population habite les rues de Meaux et de Puebla. La rue de Puebla conduit au splendide parc des buttes Chaumont. Le dimanche, les riches équipages qui vont promener leurs maîtres au parc passent rapidement dans cette rue, car valets et maîtres ont l'odorat choqué par les émanations du lard fumé, de la choucroute et des pommes de terre frites qui frétillent dans la graisse bouillante. Toutes les boutiques de cette rue ne sont habitées que par des marchands de comestibles.

Quant aux maisons, elles sont d'un triste à donner le frisson : de grandes cours, sales, encombrées d'une nuée d'enfants qui jouent dans la boue; des couloirs sombres et humides, une odeur nauséabonde et persistante de pommes de terre au lard, qui s'attache à la gorge comme aux vêtements, des haillons multicolores pendus aux fenêtres, des monceaux de balais usés dans tous les coins, des détritus de toutes sortes. Par exemple, pas d'animaux, pas de chiens, pas de chats, pas d'oiseaux : cela se comprend, ces bêtes consomment et ne rapportent point. Au milieu de tout cela, des femmes se ressemblant toutes, les vieilles ne paraissent pas avoir été jeunes, les jeunes paraissent vieilles ; toutes sont vêtues de grosses robes de laine, la taille sous les bras, chaussées de bas de laine bleue, bien faits pour donner des démangeaisons aux délicats. Quant aux hommes, ce sont les *petits crevés* du travail, pâles, scrofuleux, anémiques et hébétés.

Ces gens gagnent ou plutôt on leur donne de 1 franc 25 à 2 francs par jour. Malgré le peu d'importance de cette somme, ils envoient à leur pays cinq ou six cents francs par année. Je laisse aux économistes le soin de résoudre ce problème.

Les boues de Paris ont une valeur immense ; voici, à l'appui, des chiffres curieux :

Pour les adjudicataires qui l'achètent en masse, la boue des rues de Paris vaut près de 600,000 fr. ;

mais lorsqu'elle a séjourné dans les *pourrissiers* d'Argenteuil, elle est vendue comme engrais de 3 à 5 francs le mètre cube, son produit s'élève à environ *trois millions de francs.*

En 1823, la ville de Paris n'affermait les boues qu'au prix de 7,500 fr.; en 1831, les adjudicataires les payèrent 166,000 fr., et en 1845, 500,500 francs. Depuis l'annexion des anciennes communes de la banlieue, ce prix a subi une grande augmentation.

Ce sont les adjudicataires qui payent le personnel des balayeurs; ces derniers sont sous la surveillance de l'autorité.

C'est à la Villette que se fabriquent les allumettes chimiques, cela explique l'air *souffrant* d'une partie des habitants, car, outre que cette profession est dangereuse au double point de vue de l'incendie et de l'explosion, les émanations du soufre dévastent la poitrine des travailleurs; et, quand on songe que ces fabriques emploient beaucoup d'enfants, on serait tenté de s'écrier avec le poëte :

Comme avant d'être mûr, il faut que le fruit tombe,
Une fois que le ver s'est posé dans la fleur !

Paris recèle une foule de déclassés, de chevaliers d'industrie, qui s'ingénient à vivre du mieux qu'ils peuvent à nos dépens; pour la plupart, ce sont des types curieux à étudier. Ces types sont innombrables; comme le phénix, ils renaissent de leurs cendres; ceux qui survivent profitent des lumières de leurs prédécesseurs et évitent leurs fautes; les uns sont graves ou comiques, idiots ou spirituels; parmi ces derniers nous pouvons citer : *l'entrepreneur de gaieté pour noces, festins et baptêmes.*

Voici comment il procède :

A l'affût des noces qui montent l'escalier de la mairie, il prend ses notes sur la mariée. La couleur de ses cheveux, de son teint, sa taille, c'est le détail important qu'il consigne sur son calepin, pour rimer aussitôt à brune ou à blonde.

— Point de belles noces sans la poésie, dit-il au marié, qu'il arrête au bon moment à la porte du traiteur; vous plairait-il, monsieur, de prendre connaissance des couplets que j'ai composés sur l'heureuse jeune fille qui devient votre épouse plus fortunée encore? Il n'est que moi pour les chanter au dessert. Si vous m'invitez, j'ai l'habit noir, la tenue décente pour faire honneur à votre compagnie, et le gai propos pour faire rire les honnêtes gens.

Qui le croirait? ce rapsode a des succès! C'est quinze francs que cela coûte à la noce, plus le dîner, mais cela n'est pas cher, car on ne se marie pas tous les jours.

A la porte des mairies, il ne se passe pas toujours des épisodes aussi gais. Des hommes vêtus de noir, un crêpe à leur chapeau, se tiennent là, prêts à happer au passage le malheureux qui vient déclarer un décès; ils le suivent, ils le harcèlent, ils ont des larmes de rechange; ils font tout, depuis la croix de bois pour la fosse commune jusqu'à la chapelle somptueuse; ils ne lâchent jamais le client qu'on ne leur ait fait une *commande!*

Les Parisiens adorent les fleurs : en toutes saisons, ils envahissent les marchés; ils en mettent partout, à leur balcon, dans leur salon, dans la mansarde, dans l'échoppe, à leur boutonnière; c'est une manie, une rage : aussi l'industrie des fleurs a pris un développement considérable, elle fait vivre un nombre incroyable de gens.

Un jour, un homme intelligent, voyant cette mode, se tint ce raisonnement : Quand on offre un bouquet à une dame, elle le jette souvent au bout de quelques heures pour le remplacer par un autre. Alors, que devient le bouquet délaissé? Il va au tas d'ordures ; en effet, le matin, avant huit heures, dans les grands quartiers, on remarque, sur les tas d'immondices, des fleurs à peine défraîchies, et plus d'un ouvrier, en allant à son travail, en ramasse furtivement pour offrir le soir à sa ménagère. Or donc, se dit notre homme, si je ramassais ou faisais ramasser ces fleurs, si je trouvais un moyen de les raviver, de leur communiquer un éclat factice, ma fortune serait faite. Il mûrit son idée ; et un matin, il put s'écrier comme Archimède : *Eureka !*

Il loua, du côté de la barrière Montparnasse, une petite maison isolée ; il prit à son service des individus qu'il chargea de faire la moisson, avant que les chiffonniers aient passé et souillé les fleurs en retournant les ordures ; puis, une fois les fleurs réunies dans sa maison, voici comment il opère :

Des femmes défont les bouquets, coupent légèrement les queues, classent les fleurs par espèces, puis elles trempent vivement les queues ainsi préparées dans de l'eau presque bouillante; la séve remonte dans la fleur, et la voilà aussi brillante que si elle venait d'être coupée sur sa tige à l'instant même.

Les fleurs sont remontées sur des brins de jonc entourés de feuilles vertes et fraîches, et voilà.

Pour les écouler, c'est toute une histoire : cet homme a engagé une bande de petites filles qui travaillent principalement sur nos boulevards; les petites filles sont proprement vêtues, elles ont un petit panier d'osier au bras, qui contient la provision de la journée; à la main, elles tiennent constamment un petit paquet de fleurs, qu'elles s'efforcent d'offrir au passant, qui, soit distraction, soit pour se débarrasser d'une importunité, accepte presque toujours; quelquefois, le passant donne quelque menue monnaie et refuse la fleur, l'enfant ne demande pas, mais elle reçoit, cela suffit pour le maître. Ce monsieur a, dit-on, gagné 30,000 francs de rente en faisant ce métier-là !

Un autre type très-répandu, c'est l'*échantillon-*

neur; le lecteur croira, sans aucun doute, qu'il s'agit ici d'un individu qui propose à domicile ou ailleurs des échantillons de telles ou telles marchandises pour un magasin quelconque. Point. Mon homme reste rue Montmartre, c'est un très-bel *échantillon* de l'espèce humaine. Il est vêtu très-confortablement et porte invariablement la cravate blanche, il a l'air vénérable et *honnête;* je pourrais ajouter : bon père de famille et bon garde national, mais il est célibataire et a dépassé l'âge pour faire partie de la milice citoyenne.

Depuis les temps les plus reculés, nos économistes ont cherché en vain le moyen de vivre à bon marché, d'équilibrer la production et la consommation. Malthus a dit : Tuez; le Christ avait dit auparavant : Croissez; mon homme a dit :

Mangez et buvez. Il procède bien simplement.

Dans sa jeunesse, il a été cuisinier d'un prince quelconque, il a gardé ses relations avec les marchands qui fournissaient ses maîtres, et, sous prétexte de placer de la marchandise, il demande aux marchands des *échantillons*, qu'il garde; depuis le poivre jusqu'au champagne, tout y passe. De temps en temps, pour appâter les fournisseurs, il place quelques objets sur lesquels il a encore une remise.

En opérant sur vingt-cinq ou trente fournisseurs, ce trafic est fructueux et peut rapporter de huit à dix francs quotidiennement.

Je me trouvais un jour chez cet homme, et je lui manifestais mon étonnement de le voir enseigner le Code pénal à un de ses neveux.

— Vous vous étonnez, me dit-il ; le Code pénal, pour moi, c'est l'Évangile ; c'est le parapet qui m'empêche de tomber à la huitième chambre.

« Nul n'est censé ignorer la loi ! Les marchands parisiens se vengent bien ; s'ils sont volés quelquefois, ils nous rendent souvent la pareille.

« La laitière appauvrit son lait de sa crème, elle l'enrichit ensuite d'une notable quantité d'eau ; l'absence de crème est déguisée par l'addition d'une infusion de riz, d'orge ou de son, l'élément nutritif et mucilagineux est remplacé par le blanc d'œuf battu, la gélatine ou la colle de poisson.

« L'épicier, oh ! l'épicier ! à Paris il ne vend guère de café en poudre où la chicorée ne figure à titre d'alliage toléré ; l'épicier est un *honnête* homme quand il ne remplace pas la chicorée par de l'avoine grillée. La chicorée qui sert à falsifier le café se falsifie à son tour à l'aide des marcs épuisés, des résidus de distillerie, de l'ocre, de la brique, du noir animal, de la suie, et, pour comble d'horreur par de la terre teinte en noir.

« Quant au cacao, c'est une sottise ou une naïveté de croire qu'il est indispensable pour préparer du chocolat. L'épicier fabricant s'en passe très-bien, pourvu qu'il ait sous la main de la farine de haricots, de la fécule de pommes de terre, des amandes grillées, du suif de veau ou de mouton, du cinabre ou de l'ocre; pour relier le tout, un peu de mélasse, de papier glacé, une étiquette somptueuse, et le tour est joué.

« Le thé venant de Chine est un tonique, un digestif; il s'en consomme beaucoup; seulement, la Chine est un peu loin; la Beauce, c'est plus près, et en deux heures on peut y faire une récolte abondante d'aubépine, de sureau, d'églantier, de frêne, de prunier sauvage, etc., etc.

— Mais cela n'est pas coloré ?

— N'avons-nous pas la chimie moderne : le bois

de campêche ou le sulfate de cuivre font du thé vert ou noir.

« Enfin, le sucre, le sel, le poivre, subissent des transformations incroyables. Le sucre se mélange avec de la fécule, de la craie, du plâtre et du sable ; le sel se combine admirablement avec du sulfate de chaux, de l'alun, du salpêtre, du plâtre et même du grès ; le poivre a été découvert par des hommes ingénieux : dans les mangeoires des perroquets, à l'état de nature, cela s'appelle simplement du chènevis et se vend tout bonnement au boisseau ; réduit en poussière et traité par l'essence de piment, cela se débite en cornet, et passe pour une provenance de Malabar ou de Cayenne. »

M. Chevalier, à qui j'emprunte les détails cités plus haut, nous invite ainsi à boire du vin :

« Ombre de Noé, tu frémis à l'aspect des affreuses boissons auxquelles ton « jus divin » sert de prétexte ! Ce que la chimie a découvert sous les étiquettes mensongères de bordeaux, de bourgogne, de champagne, de beaune, de mâcon lève toute espèce de doute à l'égard de la transsubstantiation de l'eau en vin. Le poiré, le cidre, l'alcool, le sucre, la mélasse, le bois de campêche, les baies de genièvre, le jus de betterave, les semences de coriandre ; la craie, le plâtre, l'alun, la litharge, le carbonate de potasse, le sulfate de fer, l'oxyde de plomb, l'acide tartrique, tannique et acétique, tels sont les éléments essentiels de ces mélanges insipides ou nauséabonds, capables de faire dire à celui qui les déguste, comme à ce philosophe mangeant des fraises venues en serre chaude : « Mes yeux m'assurent que je bois du vin, mais mon palais n'en veut rien croire ! »

Depuis quelques années, les marchands de nouveautés suivent l'exemple des épiciers, mais ils procèdent autrement. Un matin, un de ces messieurs arbore au haut de sa boutique une grande bande de calicot blanc, maculée de lettres noires d'un pied de haut; il annonce que, pour cause de FAILLITE, il va vendre à 100 pour cent au-dessous du cours ; les marchandises sont descendues des rayons, bouleversées à dessein ; les rubans de soie sont mêlés aux galons de laine, la fine batiste au coton écru, les souliers fripent la mousseline; tout est calculé, tout est disposé de façon à faire croire à l'acheteur à une véritable faillite.

Le résumé de cette mise en scène est celui-ci : le client qui se laisse prendre à ce soi-disant bon marché paye 30 pour cent plus cher.

C'est, disent les marchands, la conséquence du commerce,.. Triste conséquence !

L'histoire nous rapporte qu'en 1789 plusieurs millions d'habitants se soulevèrent en France et se battirent pour conquérir la liberté : j'ai lu depuis, dans beaucoup de journaux que cette révolution avait engendré des principes destinés à devenir immortels. Je croyais que depuis 1789 tout monopole avait disparu ; eh bien, 1867 m'a démontré que je m'étais étrangement trompé, car nous avons eu à Paris une exposition universelle de... monopoles et d'abus de toutes sortes. Nous avons convié tous les peuples de la terre à venir voir comment on s'y prend pour ressusciter ce bon roi Monopole, et, ma foi, les peuples visiteurs ont pu prendre une fructueuse et rapide leçon.

A l'Exposition, on a tout affermé, tout monopolisé, la musique, les water-closets, les chaises, les prospectus, les guides, les livrets, la photographie, les restaurants, les cafés, les affiches, etc., etc.

La plupart des individus qui ont accepté et même autorisé le monopole ont réussi à... faire faillite : tant pis pour eux !

Les seuls enrichis par l'Exposition sont les avocats, car la Commission impériale a eu des procès innombrables. Il y aurait un curieux livre à écrire, intitulé : L'*Exposition au Palais de justice.*

Il n'entre pas dans mon cadre de mentionner ces procès, qui resteront célèbres ; seulement, les exposants futurs pourront consulter la *Gazette des Tribunaux* et y lire ceux de MM. Bernard et Lebigre-Duquesne, deux procès sans précédents et qui, espérons-le, n'auront jamais de pendants.

J'aurais encore beaucoup de choses à dire de Paris, car l'armée de M. Haussmann change l'aspect de cette ville tous les jours, les monuments disparaissent, les originaux s'évanouissent, mais, consolons-nous, les boulevards macadamisés nous restent, et, si cela continue, dans vingt ans l'histoire de Paris sera facile à écrire ; elle pourra se résumer en deux mots : PARIS-CASERNE !

TABLE DES MATIÈRES

	Pages
Préface	VII
La chasse à l'homme	1
La femme au perroquet	17
Les mendiants en 1867	27
La mère Baptême	47
Un in pace	57
Émotions à domicile	65
Sainte-Geneviève	75
Madame Clémence	87
La tour du télégraphe de Montmartre	95
L'église Saint-Laurent	105
L'hôtel Carnavalet	117
Le marieur	127
Le jour de Noël	153
Le jour de l'an	171
Le carrottier	185
Le charlatan	193
Le chineur	207
Le chanteur	215
La Bourse	235

Le bal des gens de maison........................ 243
L'hôtel de la Poste.............................. 253
Le Palais-Royal................................. 285
L'échafaud 311
Le premier novembre............................. 331
Paris... 337

Paris. — Typographie Rouge frères, Dunon et Fresné.

www.ingramcontent.com/pod-product-compliance
Lightning Source LLC
Chambersburg PA
CBHW050309170426
43202CB00011B/1836